토기장이

"우리는 진흙이요 주는 토기장이시니
우리는 다 주의 손으로 지으신 것이라"(이사야 64:8)

하나님의 타이밍을 포착하라

GOD'S TIMING FOR YOUR LIFE

Regal Books
A Division of Gospel Light

by DUTCH SHEETS

Copyright © 2001 by Dutch Sheets
All rights reserved.
Published by Regal Books, A Division of Gospel Light
Ventura, California, U.S.A

Korean translation copyright © 2002 by Togijangi Publishing House
418-43 Togijangi B/D 3F Mangwon-Dong, Mapo-Gu, Seoul, Korea
This Korean edition is published by arrangement with Gospel Light
(P.O. Box 3875, Ventura, CA P3006)

본 저작물의 한국어판 저작권은 Gospel Light와의 독점 계약으로 한국어 판권을
'도서출판 토기장이'가 소유합니다. 저작권법에 의하여 한국 내에서 보호를 받는 저
작물이므로 무단 전재와 무단 복제를 금합니다.

하나님의 타이밍을 포착하라

더치 쉬츠 지음

도서출판 **토기장이**

추천의 글

　　나는 더치 쉬츠가 쓴 책들을 보배처럼 여긴다. 그가 쓴 책들은 어떤 책이든 한 번도 나를 실망시킨 적이 없다. 한결같이 깊은 깨달음을 주고, 깊은 감동을 준다. 그 중에서도 「하나님의 타이밍을 포착하라」는 으뜸이다. 「하나님의 타이밍을 포착하라」는 책을 처음 읽던 날, 이 책만큼은 아무에게도 소개하지 않겠다고 마음먹었다. 그 이유는 너무 좋았기 때문이다. 영적 인도자는 가끔 너무 좋은 책을 만나면 소개하고 싶지 않은 유혹을 경험한다. 그 까닭은 남들이 알지 못하는 것을 나만이 알고 있는 것처럼 보이고 싶은 영적 교만이 그 심층에 있기 때문이다. 그런 유혹을 물리치고 이 책을 만민에게 소개하는 이유는 무엇일까? 그 이유는 좋은 것은 모든 사람과 함께 나누어야 한다는 영적 원리 때문이다.

　　「하나님의 타이밍을 포착하라」는 너무 신선한 책이다. 너무 새로운 책이다. 나는 늘 해 아래 새 것이 없다는 생각을 하곤 했다. 그러나 해 아래 새 것이 있다. 새로워서 새 것이 아니다. 누구나 알고 있다고 생각하는 주제를 새롭게 해석해 주기 때문에 새로운 것이다. 예수님이 말씀하신 "새 포도주는 새 부대에 넣으라"는 말씀은 새 것의 의미를 새롭게 해석해 주신 말씀이다. 어떻게 새로운 의미를 부여해 주셨는지는 이 책을 읽으면 알 수 있다.

나는 하나님의 뜻과 하나님의 때 사이에서 많은 날들을 고민해 왔다. 이 주제에 관한 많은 책들이 도움이 되었던 것은 사실이다. 그러나 더치 쉬츠가 쓴 이 책만큼 도움이 되지는 못했다.

이 책은 너무 작다. 그러나 보배롭다. 다이어몬드가 작지만 보배로운 것처럼 이 책은 작지만 너무 보배롭다. 책값과는 비교할 수 없는 보배가 이 책 속에 담겨 있다. 더치 쉬츠는 이 책에서 하나님의 사람들이 하나님의 뜻을 안 후에 하나님의 때를 어떻게 분별하고, 어떻게 준비해야 하는 가를 잘 설명해 준다.

저자는 히브리어와 헬라어의 의미를 풀어주는 데 탁월하다. 그가 히브리어와 헬라어를 풀어 말씀을 열어 줄 때 마음이 뜨거워진다. 영의 눈이 열리고, 마음이 열리는 것을 경험한다. 나는 그동안 사역하면서 하나님의 뜻을 알았지만 하나님의 때를 분별하지 못한 사람들을 너무 많이 보았다. 이 책은 하나님의 때를 분별할 수 있도록 돕고 하나님이 예비하신 때를 위해 어떻게 인내하고, 준비해야 하는 가를 가르쳐 준다. 또한 하나님의 때가 왔을 때 어떻게 그 때를 놓치지 않고 포착할 수 있는 가를 가르쳐 준다. 그 때를 통해 하나님의 뜻을 어떻게 온전히 성취할 수 있는가를 가르쳐 준다.

이 책은 하나님의 뜻과 하나님의 때를 분별하기를 원하는 모든 사람에게 반드시 필요한 책이다. 이 책은 영적 인도자들에게 꼭 필요한 책이지만 그렇다고 이 책이 영적 인도자들의 전유물이 되어서는 안된다. 이 책은 모든 그리스도인들을 위한 책이다. 그리고 이 책을 가장 가까이에 두고 읽으라고 권하고 싶다. 그 이유는 이 책은 영혼의 지성소에 두고 읽어야 할 책이기 때문이다. 하나님의 은혜가 이 책을 읽는 모든 분들 위에 넘치시길 기도드린다.

강준민 (L.A. 새생명비전교회 담임목사)

차 례

1 하나님의 때 · 9

2 때를 놓치지 않기 · 31

3 완성의 때 · 53

4 눈물의 골짜기 훈련소 · 77

5 '변화의 문'을 여는 9가지 열쇠들 · 99

1장 하나님의 때

종종 하나님은 마지막 순간까지 기다리신다. 그러나 일단 그 분께서 일하시기 시작하면, 그 일은 일사천리로 진행된다. 결코 포기하지 않으신다. 당신의 변화 시기는 어쩌면 당신이 생각하는 것 보다 더 빠르게 찾아올 수 있다.

1장..하나님의 때

어느 날 아침 한 남자가 숨을 몰아 내쉬면서 도시근교에 있는 철도역 안으로 급하게 뛰어 들어왔다. 그리고 매표원에게 물었다. "8시 1분 기차가 언제 떠나지요?" "8시 1분에요." "그러면 내 시계로 지금이 7시 59분이고, 시청 시계로는 7시 57분, 그리고 역 시계로는 8시 4분인데 나는 어떤 시계에 맞추어야 합니까?" "어떤 시계에 맞추던지 당신 마음대로입니다만 당신은 8시 1분 기차를 탈 수 없습니다. 그 기차는 이미 떠나 버렸거든요"라고 그 매표원이 말했다.

하나님의 시간은 시시각각 전진해간다. 대다수의

사람들은 그들이 선택하는 계획표대로 살아갈 수 있고, 자신이 선택한 때에 하나님께 나아갈 수 있을 것이라고 생각한다. 그러나 하나님의 때는 정해져 있다.

예수님께서 예루살렘을 향해 우시며, "또 너와 및 그 가운데 있는 네 자식들을 땅에 메어치며 돌 하나도 돌 위에 남기지 아니하리니 이는 권고받는 날을 네가 알지 못함을 인함이니라 하시니라"(눅19:44)라고 말씀하셨다. 그들은 기차를 놓쳤다.

한 무리의 이스라엘 사람들은 하나님께서 정해 주신 날을 무시하고 그 다음 날에 가나안 땅을 점령하기 위해 나아갔다. 그러나 기회는 이미 지나갔다. 그들은 가나안 사람들에게 포위 당하고 말았다(민14:39~45 참조).

기차는 이미 출발해 버렸다.

전도서는 하나님을 '때의 하나님'이라고 말한다. "천하에 범사가 기한이 있고 모든 목적이 이룰 때가 있나니"(전3:1).

우리는 하나님께서 우리의 삶과 사명, 도시와 국가를 향하여 계획하시는 때와 시기에 관해 보다 깊이 이

해할 필요가 있다. 우리는 이것을 이해하지 못하기 때문에 너무 자주 심는 계절에 거두려 하고, 추수할 시기에 심고, 쉬어야 할 때 달리고, 달려야 할 때 쉬려고 한다. 옳은 일을 한다고 하더라도 그 때가 잘못되면, 선한 의도에도 불구하고, 매번 우리는 기차를 놓치게 되고 말 것이다.

시기를 분별하는 일

이스라엘의 한 부족인 잇사갈의 자손들은 때를 분별하는 능력을 가졌었다. "잇사갈 자손 중에서 시세를 알고 이스라엘이 마땅히 행할 것을 아는 두목이 이백 명이니 저희는 그 모든 형제를 관할하는 자며"(대상 12:32). 무슨 일을 해야 할 것인지를 아는 통찰력은 바로 때를 아는 그들의 능력에 있었다. 하나님의 때를 이해하는 것이 종종 적절한 행동을 취하게 하는 중요한 열쇠가 된다.

몇 개월 전, 내가 워싱턴 D.C.에서 목회할 때 다니

엘서 2장 20~21절을 묵상하고 있었다.

"다니엘이 말하여 가로되 영원 무궁히 하나님의 이름을 찬송할 것은 지혜와 권능이 그에게 있음이로다 그는 때와 기한을 변하시며 왕들을 폐하시고 왕들을 세우시며 지혜자에게 지혜를 주시고 지식자에게 총명을 주시는도다."

이 성경구절들을 묵상할 때, 성령께서는 내 마음 속에서 분명하게 말씀하셨다. "내가 영으로 이 도시를 변화시키고 있다." 즉각적으로 나는 하나님의 사람들의 기도가 변화를 일으키고 있음을 깨달았다. 아메리카의 부흥이라고도 할 수 있는 큰 발전의 기회로 나아가고 있다는 것을 알 수 있었다. 나는 그 날 아침에 '하나님의 때'에 대해 설교하였고 그 후로 여러 번 이 메시지를 나누었다.

나는 당신이 당신의 삶에서 하나님께서 변화시키시는 시간과 때, 즉 하나님의 때를 이해하고 인식하기를 바란다. 이것이 바로 이 책의 목적이다. 나는 당신이 다시는 짐가방과 차표를 손에 든 채, 당신을 태워다 줄 기

차가 저 멀리 사라져 버리는 것을 허탈하게 바라보지 않게 되길 바란다.

역사상 가장 큰 불행한 일 중 하나가 1271년에 일어났다. 니콜 폴로와 마테오 폴로(마르코 폴로의 아버지와 삼촌)가 당대에 중국, 인도, 그리고 모든 동방나라들을 지배했던 쿠빌라이 칸을 알현하고 있었다. 황제는 니콜과 마테오가 말하는 기독교에 마음이 끌려서 이렇게 이야기했다. "당신들이 대사제에게 가서 나에게 당신들 종교에 정통한 100명의 사람들을 보내달라고 부탁해 주시오. 그러면 내가 세례를 받을 것이오. 그 뿐 아니라 내가 세례 받을 때 모든 나의 고관들과 용사들, 그리고 그들의 신하들도 함께 세례를 받게 될 것이오. 그렇게 되면 당신들이 사는 곳보다 이곳에 더 많은 기독교인들이 있게 될 것이오." 하지만 그 후로 30년이 지나도록 아무런 일도 이루어지지 않았다. 30년 후에야 두 세 명의 선교사가 파송 되었는데 너무나 적은 숫자였고 너무 늦은 때였다. 만약 13세기에 중국이 완전히 기독교화 되고 동방이 그리스도를 받아들였다면 현재의 세상은 엄청나게 다른 모습이었으리라. 그들은 기회를 놓쳤고, 그리하여 하나님의 뜻은 좌절되었다.

하나님께서는 역사의 물줄기를 변화시킬 정도로 거대한 전환기를 만들어내려고 의도하셨던 것일까? 우리는 결코 그 분의 의도를 알 수 없지만, 분명히 가능하다고 여겨진다. 나는 이렇게 시기를 놓쳐 버리는 일이 우리 시대에 다시 반복되지 않기를 바란다. 하나님께서 때와 시기를 변화시키거나 한 왕의 마음을 변화시키기를 원하실 때, 그 일이 일어나기를 원한다.

다음 이사야서의 세 구절은 하나님께서 새로운 시기로 변화시키시는 것에 대한 이야기이다.

> ① "네가 이미 들었으니 이것을 다 보라 너희가 선전치 아니하겠느뇨 이제부터 내가 새 일 곧 네가 알지 못하던 은비한 일을 네게 보이노니"(사48:6).

> ② "보라 내가 새 일을 행하리니 이제 나타낼 것이라 너희가 그것을 알지 못하겠느냐 정녕히 내가 광야에 길과 사막에 강을 내리니"(사43:19).

③ "보라 전에 예언한 일이 이미 이루었느니라 이제 내가 새 일을 고하노라 그 일이 시작되기 전이라도 너희에게 이르노라"(사42:9).

먼저 아래 두 절에서 '시작되다'(spring forth)라는 구에 주목하라. 이 단어는 시간의 전환점을 의미한다. 새로운 어떤 일이 막 시작되려고 하고 있다. "너는 알지 못하느냐?" 하나님께서 물으신다. 종종 그 분께서는 마지막 순간까지 기다리신다. 그러나 일단 그 분께서 일하시기 시작하면, 그 일은 일사천리로 진행된다. 결코 포기하지 않으신다. 당신의 변화 시기는 어쩌면 당신이 생각하는 것 보다 더 빠르게 찾아올 수 있다.

1924년에 설립된 달라스 신학대학은 얼마 지나지 않아서 거의 폐교할 상황에 부딪쳤다. 파산 직전에 이른 것이다. 채권자들은 어떤 특정한 날을 잡아서 낮 12시에 학교 문을 닫기로 결정했다. 그 날 아침에 학교의 설립자들이 하나님께 도움을 청하기 위한 기도회로 학장의 사무실에 모였다. 그 기도회에 해리 아이언사이드가 참석하고 있었는데, 그의 기도 차례가 되자 그는 솔직 담백하게 "주님, 우리는 들의 수많은 소떼가 당신의 것임을 압니다. 부디 그 소 중 얼마를 파셔서 저희에게 돈을 보내주십시오"라고 기도했다.

바로 그 때, 부츠를 신고 셔츠의 칼라 단추를 풀어 헤친 키 큰 텍사스인이 뚜벅뚜벅 비서실로 걸어 들어왔다. "하우디!" 그가 비서에게 말했다. "나는 얼마 전에 포트 워쓰에서 두 트럭 분의 소를 팔았네. 그런데 그 돈으로 할 사업을 구상해 보았지만 좀처럼 진전이 없었고, 다만 지속적으로 하나님께서 그 돈을 이 신학교에 갖다주길 원하신다고 느끼게 되었다네. 나는 이 학교가 돈이 필요한지 아닌지 알 수 없지만, 어쨌든 여기 수표가 있네." 그는 수표를 비서에게 건네 주었다.

시간의 긴박성을 잘 알고 있는 비서는 수표를 들고 즉시 기도회가 열리고 있는 학장실로 가서 조심스럽게 문을 두드렸다. 학교의 설립자이자 학장인 루이스 스페리 쉐퍼 박사가 문을 열고 그녀로부터 수표를 건네 받았다. 그가 수표에 적힌 금액을 보니 놀랍게도 빚의 총액과 정확하게 일치하였다. 수표에 서명된 이름은 그가 알고 있는 목축업자의 이름이었다. 학장은 아이언사이

드 박사에게로 돌아서며, "해리, 하나님께서 정말 그 소떼를 파셨다네"라고 말했다.

두 번째로, '새로운'이라는 단어에 주목하라. 이 단어도 변화의 시기를 뜻한다. 신약성경에는 두 가지의 헬라어 단어가 '새로운'으로 번역되어 있다. 번역은 같아도 두 단어의 의미는 다르다. 이 다른 의미를 이해하는 것이 중요하다.

'네오스'(neos)라는 단어는 숫자상으로는 새롭지만 다른 것들과 구분이 되는 것은 아니다. 예를 들면, 당신이 어떤 회사의 차를 새로 구입했다고 하자. 당신은 새 차를 갖게 됐지만 그 차와 똑같은 차가 전국에 수백 대 더 있으며, 새 차이긴 하지만 다른 차는 아닌 것이다. 다른 차들과 같은 차이다.

'새로운'의 다른 헬라어는 '카이노스'(kainos)인데, 이 단어는 숫자상으로 새로울 뿐 아니라 질적으로도 완전히 새로운 것을 의미한다. 예를 들면, 오늘날 대량 생산되는 차가 아니라 주문 생산되는 한 대의 모델 티(Model T car)차를 의미한다. 이 차는 숫자상으로 한 대의 새 차이며 또한 다른 차들과 전혀 다른, 질적으로도 완전히 새로운 차인 것이다.

네오스와 카이노스라는 두 단어의 차이를 구분하는 일은 우리가 성경을 제대로 이해하는데 있어서 매우 중요하다. 고린도후서 5장 17절은 우리가 '새로운(kainos) 피조물'이라고 말한다. 우리는 네오스인 어떤 사물의 복사품이나 모사품이 아니다. 우리는 완전히 다른 존재라는 의미에서 새로운(Kainos) 피조물이다. 우리는 질적으로 새로운 존재이다. 우리는 종류와 질에서 새롭게 창조된 존재들이다. 하나님께서 우리 속에 새로운 성품을 주시고, 변화시키시는 성령님의 능력을 주셨다. 우리는 거듭났을 때 몇 가지만 변화한 이전과 같은 사람들이 아니라, 속사람이 완전히 새로워진 '카이노스'가 되는 것이다.

마태복음 9장 17절을 보면 예수님께서는 새 포도주는 새 부대에 담아야 한다고 말씀하시면서 이 두 가지 헬라어 단어들을 모두 사용하셨다. 새(neos) 포도주는 새(kainos) 부대에 담겨질 필요가 있음을 말씀하셨다. '성령의 새 포도주'는 뭔가 다른 성질의 것을 의미하는 것은 아니다. 성령님은 늘 동일하시기 때문에 여기서

'새롭다'는 것은 성령님이 질적으로 새롭게 변화된다는 것이 아니라 그분을 통한 기름부음의 양적인 차원을 의미한다. 성령님께서는 그 분 자신을 우리에게 항상 더 많이(새롭게) 부어주시길 원하신다.

그러나 포도주 부대는 변화할 필요가 있다. 포도주 부대인 우리는 카이노스, 즉 질적으로 새로워져야 한다. 성령이 우리 안에 더욱 많이 부어지기 위해서, 우리는 지금 단계에서 다음 단계로 변화해야만 한다. 우리가 질적으로 새로워지지 않는다면 우리는 성령께서 부어주시는 새 포도주를 담을 능력이 없게 된다. 그러면 우리는 이 새로운 '때'를 놓치게 될 것이다. 이런 불행을 막기 위해서, 성령께서는 우리로 하여금 변화의 과정들을 겪게 하신다. 만약 우리가 성령께서 우리의 삶 가운데 오셔서 우리를 변화시키시도록 한다면 성령님은 그 분 자신인 그 분의 영을 우리 속에 더욱 많이 주실 수 있다. 그 분은 새(neos) 포도주를 새(kainos) 부대에 부으실 수 있다.

이와 같이, 하나님께서는 우리가 새로운 때를 위해 준비되도록 우리를 변화시키신다. 지난 2년 동안 하나님께서는 나를 크게 변화시키셨다. 우리 안에서 행해지는 하나님의 일을 보면, 그 분의 사전에는 '이만하면 충분하다' 라는 어휘가 없는 듯하다. 그 분은 계속해서 우리가 더 많은 포도주, 즉 더 많은 성령의 기름부으심을 받을 수 있도록 준비시키신다. 이런 변화는 언제나 즐거울 수는 없더라도 언제나 좋은 것임은 분명하다.

바닷가재는 성장하기 위해서 때때로 껍질을 벗어버려야만 한다. 껍질은 외부로부터의 상처에서 자신을 보호해 주지만, 가재는 성장할 때마다 옛 껍질을 포기해야만 한다. 만약 포기하지 않는다면, 이 옛 껍질은 곧 가재의 감옥이 되고 마침내는 관이 될 것이다.

바닷가재가 견디기 힘든 기간은 단지 낡은 껍질이 벗어지고 새 껍질이 형성될 때까지의 짧은 기간 동안이다. 상처를 입기 쉬운 이 기간 동안 바닷가재는 분명히 두려울 것이다. 바다의 조류는 가재를 산호로부터 해초가 있는 곳으로 휘몰아 간다. 배고픈 고기떼는 가재를 잡아먹을 기세이다. 낡은 껍질은 단지 잠시 이 기간 동안에만 아쉽게 여겨질 뿐이다.

우리는 가재와 그리 다르지 않다. 변화하고 성장하

기 위해 우리는 때때로 그 동안 의존해 온 우리의 껍질, 즉 구조나 외형을 벗어 버려야만 한다. 제자도란 그리스도께 헌신됨을 의미하는데, 그 분께서 우리에게 따라오라고 명하실 때 우리는 기꺼이 위험을 각오하고 변화될 준비가 되어야 하며 성장을 위해서 우리의 '껍질'을 과감히 벗어야 한다.

나도 가재처럼 새 껍질은 좋아하고, 새 껍질을 얻기까지의 과정은 싫어한다.

'새로운'으로 쓰이는 이 두 헬라어 단어는 또한 '새롭게 함'이란 단어로도 쓰인다. 영어의 're'와 같은 전치사로서 전치사 'ana'를 이 단어들에 첨가하면 다른 두 개념의 '새롭게 함'이 생긴다. '아나네오'(ana-neoo)는 숫자적으로 새로워지는 것이다. 우리가 과거에 가졌던 것을 하나님께서 우리에게 다시 가져다주시는 것을 의미한다. 이것은 질적으로 새로운 것은 아니지만, 어쨌든 상쾌함이 있는 '새롭게 함'이다. 하나님께서는 우리가 첫사랑을 회복하도록 하시거나 우리가 이전에 누렸던 신앙의 상태를 되찾도록 하신다.

다른 단어는 질적으로 새로워진다는 뜻인 '아나카

이노'(anakainoo)이다. 이 형태의 '새로워짐'에서는 하나님께서 새로워짐의 다음 단계로 이끄시며, 우리는 이전의 우리와 달라져 있다. 이 과정은 우리를 회복시킬 뿐 아니라, 우리를 그리스도의 형상으로 변화시킨다. 하나님께서는 우리를 옛 모습으로 회복시키기보다는, 오히려 우리를 신선한 새로운 자리로 소생케 하신다.

그 분의 일이 완수되었을 때, 우리는 더이상 이전과 같은 모습이 아니다. 우리는 진정으로 달라졌으며 더 많은 성령의 포도주를 담기 위한 변화에 준비되어 있다.

다른 예로 로마서 12장 2절은 '아나카이노시스'(anakainosis)라는 단어를 '질적으로 새로운 마음'을 의미하는데 사용한다. 하나님께서는 우리의 생각하는 방식이 근본적으로 변화되게 하기 위해서 우리의 마음을 새롭게 하길 원하신다. 이렇게 될 때 우리는 하나님께서 가져다 주시는 변화와 그 분이 행하시는 새로운 일에 참여할 수 있다. 하나님과 함께 하는 변화는 카이노스(kainos)를 요구한다.

하나님께서는 이 세상에서 네오스와 카이노스를 둘 다 행하고 계시다. 그 분께서는 우리가 과거에 가졌던 것을 더욱 많이 주실 뿐만 아니라 완전히 다른 변화도 이루어 내신다. 어떤 사람들은 불행히도 그들의 포도주 부대가 카이노스가 아니기 때문에 이 변화들을 받아들일 능력이 없다. 그들은 우리를 낡은 존재에서 새로운 존재로 변화시키시려는 하나님의 과정 가운데에서 그 분과 함께 움직일 준비가 되어있지 않다. 변화의 시기가 다가올 때, 과연 우리는 그 시기를 인식하며 우리의 포도주 부대는 준비되어 있을 것인가?

마지막으로 이사야 48장 6절의 '감추어진'이란 단어에 주목해 보라. 하나님께서 어떤 새로운 일을 시작하실 때, 종종 그 일이 드러나지 않는 것을 경험해본 적이 있는가? 그 분께서는 그 일을 마지막 순간까지 비밀로 두시는 경우가 많다.

하나님께서는 사랑하는 부모와 마찬가지로 우리를 깜짝 놀라게 하길 좋아하신다. 그 분께서는 최근에 나를 놀라게 하셨다. 수개 월 전에 어떤 어려운 상황을 놓고 기도하고 있는데, 주님께서 나에게 분명하게 말씀하셨다. "지금은 때가 아니다. 그러나 곧 너를 놀라게 할 일들을 할 것이다."

물론 나는 크리스마스 때의 어린 아이들과 다르지 않다. 나도 당장에 선물상자를 열어보고 싶은 것이다! 그래서 나는 조르기 시작했다. "그렇다면 좋아요. 하나님, 그런데 그 놀랄 일들이 무엇이죠?"

"나는 아직까지 그 일들을 네게 나타낼 준비가 안 됐다. 그러나 적당한 때가 되면, 너를 놀라게 해 줄 것이다."

나는 다시 하나님께서 무엇을 두고 하시는 말씀인지 알아내려고 애썼다. "오, 굉장하군요. 그런데 그 일들 중에서 한 가지만 알려주시면 안되나요?"

나는 하나님께로부터 단지 "나는 네가 놀랄 일들을 할 것이다"라는 말씀만 들을 수 있었다.

그러나 일단 적당한 때가 되자, 하나님께서는 변화를 시작하셨고 나에게 놀라운 일들을 나타내셨다. '새로운' 일들이 '시작되리라'에 관해 말씀해 주신 것이다! 하나님의 때에 관해서 말씀하셨다! 이런 '숨겨진' 일들 — 놀라움 — 은 초자연적인 속도와 뛰어난 능력으로

드러나기 시작했다. 나의 표현력이 부족한 것이 유감스럽지만, 이 일들은 굉장한 천상의 경이로움이었다.

하나님께서는 당신을 위해서도 놀라운 일을 계획하고 계신다. 그 분은 때와 시기를 변화시키신다. 민감하고 융통성이 있어야 한다. 당신의 포도주 부대가 새 것이어서 하나님께서 막 부어주시려는 새로운 포도주를 받을 준비를 갖추도록 하라. 변화에 대한 준비를 갖추어라!

1989년 초봄에 미시간팀이 위스콘신팀과 농구 경기를 할 때, 미시간의 루밀 로빈슨은 경기의 제 4쿼터 후반에 두 개의 자유투를 던지기 위해 자유투 라인에 섰다. 그 때 그의 팀은 한 점 뒤지고 있는 상황이어서 루밀이 위스콘신팀을 이길 수 있는 아주 좋은 기회였다. 그러나 그가 두 번의 자유투를 다 성공시키지 못해서 위스콘신팀에 지고 말았다.

루밀은 자신의 팀이 그 게임에서 진데 대하여 큰 죄책감을 느꼈고 자신이 더 잘 준비가 될 필요가 있음을 절실히 느꼈다. 시즌의 나머지 경기들을 위해 고된 연습을 한 후, 루밀은 100번의 자유투를 성공시켰다.

전국 선수권 대회에서 경기의 마지막 3초를 남겨 놓고 자유투 라인에 들어선 루밀은 확실하게 준비되어 있었다. 휙 하고 첫 번째 공이 들어가고, 휙 하고 두 번째 공도 들어갔다. 이 두 자유투의 성공은 미시간팀을 우승으로 이끌었다.

마음을 새롭게 하기

R E N E W I N G

1. 당신은 잘못된 시간에 옳은 일을 한 경험이 있는가? 잠언은 일을 하기 위해 옳은 시간을 선택하는데 대하여 무엇이라고 이야기 하고 있는가?

2. 네오스와 카이노스의 차이점은 무엇인가? 카이노스의 새로운 상태는 당신의 삶에 어떤 영향을 미치는가?

하나님의 때

3. 당신의 삶 가운데 떨쳐 버려야 할 것들은 무엇인가?
   자존심? 두려움? 광신적 믿음?

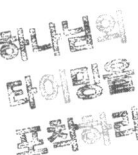

2장 때를 놓치지 않기

아마 당신은 아무런 신나는 일이 없는 크로노스 시간 속에 살고 있을지 모른다. 이러한 당신의 인생의 시기-밭을 가는 때, 서 있는 때, 믿음을 지키며 지속적으로 기도하는 때-는 지겨울 수조차 있다. 그러나 당신은 이 모든 때가 보다 큰 그림의 한 부분임을 이해해야만 한다. 실망스러워 보일지라도 크로노스의 때는 중요하지 않은 것이 아니다. 만약 당신이 일반적인 시간 속에서 필요한 일을 열심히 해 나간다면, 그 과정은 분명히 수확의 카이로스 때로 변화할 것이다.

2장.. 때를 놓치지 않기

우편배달부가 막 집 앞의 길로 들어섰을 때, 줄리아 딕슨은 집의 문이 실수로 잠기는 바람에 집안으로 들어가지 못하고 현관 앞에서 안절부절하고 있었다.

"딕슨 부인!" 하고 우편 배달부가 걱정스러운 목소리로 소리쳤다. "안색이 안 좋으시군요. 무슨 일이 있습니까?"

"아, 저는 어떻게 해야 할 지를 모르겠어요." 그녀는 불안하게 양손을 쥐어틀면서 소리내어 울었다. "문이 잠겨 버렸는데, 우리집 비상열쇠를 갖고 있는 옆 집 사람이 먼 곳에 가 있어요. 제 남편도 열쇠를 갖고 있지만,

그는 시내 호텔에서 열리고 있는 회의에 하루종일 참석하고 있어서 내가 그를 찾아갈 수도 없을 것 같아요. 내가 어떻게 하면 다시 집안으로 들어갈 수 있을까요?"

우편배달부는 그녀를 안정시키느라 애쓰면서 열쇠수리공을 부르도록 권했다. "그 수밖에는 딴 도리가 없을 것 같군요. 그러나 솔직히 말씀드리자면 그 방법은 돈이 많이 드는데다가, 저희는 당장 그런 큰 돈을 쓸 처지가 못 된답니다. 요즘 경제적으로 좀 어렵거든요."

우편배달부는 그녀를 측은히 여기면서도 그녀에게 다른 도리가 없음을 지적해주었다.

"이제, 제 임무를 완수하는 것이 좋겠네요. 여기 부인께 온 우편물이 있습니다. 누가 압니까? 혹시 이 편지들 중에 부인을 기운 나게 하는 편지가 있을 수도 있잖아요!"

딕슨 부인은 편지봉투들을 살펴보았다. 동생인 조나단에게서 온 편지가 있었다. 그는 지난 주에 그녀 가족을 방문해서 며칠간 머물다가 갔다. "왜 얘가 이렇게 빨리 편지를 보냈을까?" 그녀가 중얼거리며 편지를 뜯었을 때, 열쇠 하나가 손바닥 위로 떨어졌다.

"줄리아 누나" 편지는 이렇게 시작했다. "내가 누나네 집에 머물던 어느 날, 누나는 장보러 나가서 집에 없고, 실수로 문이 잠기는 바람에 나는 집안으로 들어갈 수가 없었어. 그 때 누나네 비상열쇠를 갖고 있는 이웃에게서 열쇠를 빌렸었는데 그만 돌려주는 것을 잊어버렸지뭐야. 그래서 그 열쇠를 여기 동봉해서 보내는 거야."

바로 이것이 때에 딱 들어맞은 경우이다! 하나님께서는 나를 기다리게 만드시거나 창문 한 장을 깨게 만드실 수도 있을 것이다. 어떤 때는 그 분께서 나의 인내심을 시험하는 것을 즐기시는 것 같이 보이기도 한다. 그러나 나는 이것을 결코 불평하지 않는다.

당신은 어떤 시간을 지키는가?

최근에 나는 하나님의 때에 관하여 묵상하다가, 신약성경에서 시간을 뜻하는 또 다른 단어들인, '크로노스'(chronos)와 '카이로스'(kairos)를 생각하게 되었다. 크로노스란 단어는 일반적인 시간의 과정이나 연대기적인 시간을 나타낸다. 카이로스란 단어는 적절한 시간, 시의에 알맞거나 전략적인 시간을 나타낸다. 이 단어들을 생각하고 있을 때, 하나님께서는 아주 중요한 진리를 내게 드러내기 시작하셨다. 나는 언제나 이 두 개념들 – 연대기적인 시간과 적절한 시간 – 을 완전히 분리하여 생각해왔었다. 하나님께서는 이 생각이 정확하지 않다는 것을 내게 보여주셨다. 이 단어들은 종종 같은 과정의 다른 면일 뿐이다. 많은 경우에 카이로스는 크로노스의 연장이거나 연속이다. 하나님의 계획의 과정이 드러날 때, 크로노스는 카이로스가 된다. 새로운 것은 옛 것과 연관되어 있으며, 사실상 과거에서 행하여졌던 일의 결과인 경우가 많다. 또한 적절한 시간인 카이로스는 문자적으로 일반적 시간인 크로노스에서 파생되었다.

우리가 크로노스 시간 속에서 우왕좌왕하면서 여전히 똑같은 생활을 되풀이하고 있을 때, 하나님께서 카이로스 시간을 시작하실 수 있을까? 그렇지 않다. 그 분의 전체적인 계획표에는 변함이 없다. 그 분은 단지

우리를 그 분이 계획한 과정의 한 단계로 이끄실 뿐이다. 우리가 그 속에서 인내하고 성실할 때 그 분은 우리를 다음 단계인 전략적인 시기로 변화시키신다. 그 분은 크로노스를 카이로스로 변경시키면서 때와 시기를 변화시키신다.

다음 이야기는 당신에게 큰 용기를 줄 것이다. 아마 당신은 지금 아무런 신나는 일이 없는 크로노스 시간 속에 살고 있을지 모른다. 이러한 당신의 인생의 시기 -밭을 가는 때, 서 있는 때, 믿음을 지키며 지속적으로 기도하는 때-는 지겨울 수 조차 있다. 그러나 당신은 이 모든 때가 보다 큰 그림의 한 부분임을 이해해야만 한다. 실망스러워 보일지라도 크로노스의 때는 중요하지 않은 것이 아니다. 만약 당신이 일반적인 시간 속에서 필요한 일을 열심히 해 나간다면, 그 과정은 분명히 수확의 카이로스 때로 변화할 것이다. 갈라디아서 6장 9절은 "우리가 선을 행하되 낙심하지 말지니 피곤하지 아니하면 때가 이르매 거두리라"라고 말한다.

유명한 기독교회관의 한 요리사가 해리 아이언사이드 박사로부터 그녀가 만든 과자에 대해 칭찬을 듣자

박사에게 다음과 같이 말했다. "과자를 만드는 데 들어가는 재료들을 한 번 생각해보면, 밀가루 자체가 훌륭한 맛을 내는 것이 아니고, 베이킹 파우더나 쇼트닝, 다른 재료들도 그 자체로는 별 맛이 없죠. 그러나 이 재료들을 모두 한 데 섞어서 오븐에 넣으면, 이렇게 멋진 과자가 되어 나온답니다."

크로노스 시간 속에서 대부분의 삶은 무미건조하거나, 심지어 무의미하다고 여겨지기도 한다. 그러나 하나님께서는 그것들을 변화시켜서 결과적으로 기쁨의 잔치가 이루어지도록 우리 삶의 요소들을 연합시키시는 능력이 있다.

삶은 변화 – 옛 것으로부터 새 것으로 나아가는 과정, 크로노스에서 카이로스로의 변화 – 의 연속으로 이루어진다. 성장, 변화, 회복, 이 모든 것이 과정이다. 삶은 연속선상에 있다. 이것을 이해하지 못하면, 우리는 준비하고, 심고, 믿고, 보존하는 크로노스의 시간들을 경시하는 경향을 띠게 된다. 우리는 신선하고 전략적인 기회들의 카이로스 속에서 사는 것을 언제나 선호한다.

그러나 크로노스 시간 속에서의 우리 행동과 태도가 하나님께서 우리를 카이로스 시간 속으로 변화시키실 수 있는지 없는지를 결정짓는다는 것을 깨닫는 것이 중요하다. 필수요소가 첨가되어지는 때가 크로노스 시간이다. 옛 것과 새 것은 불가분하게 연결되어 있어서 서로 다르지만 관련이 있다. 새 것은 옛 것이 없이 절대 올 수 없다. 새 것은 우리가 과거에 행했던 일의 결과로서 오는 것이기 때문이다. 이러한 의미를 이해하면, 우리는 크로노스 시간 동안 선한 일을 하는데 대하여 낙심하거나 힘이 빠지지 않을 것이다.

우리는 종종 지속적으로 어려운 일을 겪게 되면, 우리 마음은 삶이 언제나 이러한 식으로 나아갈 것이라는 부정적인 틀을 갖게 된다. 카이로스 시간이 결코 오지 않을 것이라고 믿기 시작한다. 여기서 우리가 신중하지 못하면, 우리는 기대감을 잃게 되고, 우리의 믿음은 흔들리기 시작한다. 우리는 너무 오랫 동안 기도하고, 오랫 동안 밭을 갈고, 오랫 동안 믿고, 오랫 동안 기다렸기 때문에 '너무 오래 되었다'는 생각이 생활 속에 고정되기 시작한다. 그러면 환멸을 느끼게 되고 우리의 믿음은 사라져버린다.

하나님께서는 우리가 이 시기 동안 낙담하지 않고 크로노스 때의 필요성을 깨닫도록 우리의 생각을 변화시키기를 원하신다. 우리는 시간을 잃거나 허비하는 것이 아니고, 시간을 투자하고 있다. 그리고 시간 투자를 성실하게 수행한다면, 변화는 일어날 것이다. 우리가 하나님과 함께 일하고 있고, 그분께서 새로운 일을 나타내시는 데 필요한 것을 그분께 드리고 있다는 것을 알면, 우리는 하찮아 보이는 시작들을 경시하기 보다는 기뻐할 수 있다. 우리는 수년 동안 계속해 온 기도 모임 가운데 눈에 보이는 열매가 나타나지 않는 것에 대해 질망하지 않을 것이다. 우리의 믿음은 오직 진리인 하나님의 말씀과 그 말씀에 대한 순종에 기초하고 있다.

심을 때와 자랄 때

진 지오노는 그가 1913년 프랑스령 알프스 산맥에서 만났던 목자, 엘지르 부피에의 이야기를 해 주었다.

그 당시 무분별한 산림벌채 때문에 프랑스의 프로방스 지역의 산들은 황폐했었다. 샘과 시내가 말라서 마을들은 버려졌고, 나무가 없기 때문에 바람은 세게 몰아쳤다.

등산을 하는 중에, 지오노는 밤을 지내기 위해서 한 목자의 오두막집을 방문하게 되었다.

저녁 식사 후 지오노는 그 목자가 상수리 더미 속에서 깨지거나 크기가 너무 작은 상수리를 신중하게 골라내고 있는 모습을 지켜보았다. 그 목자는 100퍼센트 완벽한 상수리를 골라놓고 나서야, 하루 일과를 마치고 잠자리에 들었다.

이 55세의 목자는 3년이 넘도록 황량한 산등성이에 씨앗을 심어오고 있었다. 그는 십만 여 개의 씨앗을 심었고, 그 중에 2만 여 개에서 싹이 텄다. 그는 발아한 싹 중에서 반 정도는 쥐 같은 동물에게 먹히거나, 다른 이유로 죽어버리겠지만, 나머지 반은 나무로 자랄 것이라고 기대했다.

1차세계대전 후 지오노는 그 산에 다시 갈 기회가 있었는데, 회복된 자연환경을 보고 놀라움을 금할 수 없었다. 거기에는 틀림없이 숲이 있었고 메말랐던 시내에 물이 흐르고 있었다. 대지는 위로 초록색 나뭇잎들로 덮여있고, 아래로는 거미줄 같은 뿌리들에 의해 지탱되어 있었다. 그야말로 생태환경은 쾌적해져 있었다.

지오노는 2차세계대전 후에 또 다시 그곳에 갔다. 그 목자는 20마일 떨어진 곳에서 계속 그의 일을 하고 있었다. 1914년 전쟁과 같이 1939년의 전쟁도 그는 무시해버렸다. 땅의 재조성 사업은 계속되었으며, 전체 지역이 건강과 풍성함으로 빛을 발하였다.

지오노는 다음과 같은 글을 썼다.

내가 1913년에 보았던 폐허의 자리에 지금은 근사한 농장이 자리를 잡고 있다… 옛 개울도 숲이 보존하고 있는 빗물과 눈을 공급받아서 다시 흐르고 있다… 점차로 마을들이 다시 생겨나고 있다. 땅 값이 비싼 평원에서 살던 사람들이 젊음, 활기, 모험의 정신을 갖고서 이 곳에 이주하여 정착하고 있다.

크로노스 시기 동안 인내하며, 우리가 척박한 땅에

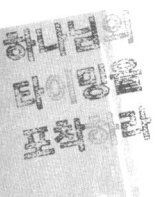

구멍을 파고 삶의 씨앗들을 심는 것은 '영적인 산림재조성'과 같다. 이 씨앗들을 통해서 메마른 영적 황무지가 추수할 수 있는 들로 변하고, 생명을 주는 물이 타들어가는 불모지에 흐르게 된다.

우리가 잘 준비되고 적절한 시간이 될 때, 하나님께서는 인생의 시기를 매우 빠르게 변화시키실 수 있다. 밤 사이 메마른 시간을 강으로, 황폐함을 풍성한 결실로 변화시키시고, 길이 없는 곳에 길을 만드신다. 시기를 맞추는 것은 중요한 요소이다. 그러나 적절한 시기가 될 때, 하나님께서는 변화를 일으키시며, 크로노스는 카이로스로 변한다. 이러한 진리가 당신이 처한 상황에 믿음과 격려를 주기 바란다.

이 개념을 보다 분명하게 해 줄 성경의 예들을 찾아보도록 하자.

아브라함은 그가 사라를 통하여 아들을 보게 될 것이며 그의 후손이 하늘에 별들과 같이 많을 것이라는 놀라운 하나님의 약속을 받았다. 그 약속 이후로 그는 24년 동안 인내하며 믿음으로 나아가는 크로노스의 시기를 보냈다. 그리고 나서 창세기 18장 10절에 기록된

대로 하나님께서는 그에게 나타나셔서 하나님의 때가 되어 곧 변화가 일어날 것이라고 말씀하셨다. "그가 가라사대 기한이 이를 때에 내가 정녕 네게로 돌아오리니 네 아내 사라에게 아들이 있으리라 하시니 사라가 그 뒤 장막문에서 들었더라"(헬라어 단어 카이로스 – 전략적인, 적절한 시간 – 의 상대어인 히브리어 단어는 에쓰(eth)이다).

크로노스 시기의 수많은 세월을 보낸 후, 아브라함과 사라는 이 소식을 듣고 웃었다. 아브라함은 심지어 하나님께서 이스마엘을 통해서 하나님의 계획을 이루시기를 원한다고 하였다. 그러나 하나님의 말씀은 진실하여서 하나님께서는 아브라함이 길고도 때때로 지루한 시기를 지내는 동안 하나님과 동행했기 때문에 – 비록 그가 완전하게 동행하지는 못했을지언정 – 하나님께서는 그 시기를 전략적이고, 적절한 시간으로 변화시키셨다. 아브라함과 사라는 크로노스로부터 카이로스로 이동했다. 새 것은 옛 것으로부터 기인하며 드디어 약속의 아들인 이삭은 태어났다.

또 다른 예는 이스라엘 민족이 약속의 땅으로 향하

여 여행해나가는 과정에서 볼 수 있다. 이스라엘 민족은 이집트에서 인내하며 기다리는 힘든 크로노스의 시기를 보냈다. 갑자기 변화가 시작되었다. 적절한 시간이 되자 하나님께서는 실제로 그 분의 위대한 지혜와 능력으로 빠르게 움직이시며 "내가 때를 변화시키고 있다"고 말씀하셨다.

과정의 한 부분으로서 하나님께서는 40년의 크로노스 시기를 광야에서 보낸 모세에게 나타나셔서 그를 통해서 변화를 일으키실 것이라고 말씀하셨다. 모세는 "다른 사람을 통해서 변화시키십시오. 저는 아닙니다"라고 말했다. 그러나 하나님께서는 모세가 이스라엘 민족을 이집트에서 구해낼 인물이며 하나님께서 모세와 그 민족을 위해서 거룩한 변화를 이루실 것임을 그에게 확실히 하셨다.

그러나 슬프게도 이스라엘 사람들은 믿음으로 카이로스 시기를 붙들 수가 없었다. 그래서 그 시기를 놓치고 말았다. 그들은 40년 동안 광야에서 떠도는 또 다른 크로노스 시기로 종지부를 찍고 말았다.

마침내 가나안 땅을 정복한 다음 세대 역시 이 힘든

크로노스의 시기를 겪으면서 기다려야만 했다. 하나님께서 갑자기 여호수아에게 나타나셔서 그들이 3일 내에 약속의 땅으로 들어가게 될 것이라고 말씀하셨다. 하나님께서는 거룩한 변화를 창조하고 계셨다. 방황하는 때는 끝나고 하나님께서는 이스라엘 민족을 새로운 시대로 옮기셨다. 그 분은 그들을 크로노스에서 카이로스로 빠르게 옮기셨다.

우리가 오랜 크로노스 시기를 보내고 있다면, 우리는 카이로스 시간으로 빨리 변경되는 일은 불가능하다고 생각하는 경향이 있다. 그러나 하나님께서 변화시키리라고 말씀하실 때 우리는 변화할 준비가 되어 있어야만 한다. 우리는 하나님과 함께 움직여야만 한다. 그렇지 않으면 우리는 하나님께서 하시기 원하는 것을 놓치게 될 것이다. 만일 우리가 하나님의 방법을 이해하지 못한다면, 우리는 매우 혼란스럽고 좌절하게 되어서 믿음을 유지하여 얻게 되는 변화에 이르지 못하게 된다. 이집트에서 나온 이스라엘 민족의 첫 세대와 같이 우리는 광야에서 생을 마치고 약속의 땅에 결코 도달할 수 없다. 그러나 우리가 하나님의 방법을 이해한다면 기다

리는 시간 동안 생기는 좌절감이 훨씬 줄어들 것이다. 하나님께서 모든 일을 섭리하고 계시며 우리가 그 분과 함께 걷고 있음을 알 때, 우리는 평화와 안식으로 나아갈 수 있다.

후에 사도 바울이 된 사울은 다마스커스로 가는 길에서 하나님의 신성한 방문을 받았다. 하나님께서 사울에게 자신을 나타내 보이셨을 때, 그는 극적인 전환 - 하나의 카이로스 시간 - 을 경험했다. 그리고 나서 그는 일상적인 크로노스 시기를 다시 지내게 됐는데, 이 12~13년 동안 하나님께서는 그를 변화시키시고 놀라운 하나님의 뜻을 나타내셨다. 사도행전 13장에 기록된 대로 적절한 시간이 되었을 때, 주님께서는 바울이 그가 소명받은 일을 위해서 떠나야 될 것임을 말씀하셨다. 하나님께서 바울이 그의 사역을 완성하도록 그를 놓았을 때, 이 크로노스 시간은 카이로스 시간이 되었다. 일상적인 시간은 낭비된 것이 아니었다. 하나님의 목적을 달성하기 위한 훈련과 준비의 한 과정이었다. 크로노스는 카이로스로 변경됐고, 그 이후로 세상은 전혀 그 이전의 모습이 아니다.

전략적 위치

선장인 랄프와 유일한 선원인 션은 풀스보의 북서항에 승객들을 하선시키고 시애틀로 돌아가는 중이었다. 사나운 폭풍이 불기 시작했을 때, 그들은 화려한 요트인 매치메이커 호를 타고서 퓨젓 사운드(워싱턴주 북서부의 만)를 다시 통과하고 있었는데 긴급한 라디오 송신을 듣게 되었다.

세찬 바람이 어떤 보트를 뒤집어 엎어서 한 남자와 한 여자가 퓨젓 사운드의 차가운 물 속에 빠졌는데, 그 남자는 해안으로 헤엄쳐 나왔지만, 여자는 실종된 상태임을 알게 되었다. 헬리콥터와 구조보트가 여자가 사라진 지역을 빙빙 돌면서 그녀를 찾았지만 거의 두 시간이나 경과했기에 그녀를 찾을 수 있다는 희망을 포기하려던 참이었다. 얼음이 얼 정도로 찬 물 속에서 그렇게 오랜 시간이 지나도록 그녀가 여전히 살아 있으리라는 희망도 점차 사라졌다.

매치메이커 호는 그 구조작업을 하는 곳으로부터 상당히 떨어져 있었지만, 랄프 선장은 그들이 전략적

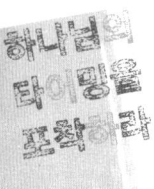

위치에 와 있다는 것을 깨달았다. 퓨젓 사운드를 수도 없이 통과해왔기 때문에, 그는 이곳의 조류에 매우 익숙했다. 그는 션에게 그 여자는 더 이상 전복된 보트가 있는 지역에 있지 않으며, 지금쯤 강한 조류에 밀려서 그들의 항로 쪽으로 떠 내려 왔을 것이라고 말했다. 폭풍 때문에 다른 배가 그녀를 구조하러 제 때에 온다는 것은 불가능했다.

그들이 이 조난자의 유일한 구조 기회임을 인식하고 랄프 선장과 션은 폭풍 속에서 그녀를 찾아내기 위해서 그들의 시각과 청각을 잔뜩 긴장시켰다. 갑자기 새 소리 같은 희미한 소리가 들렸다. 랄프 선장이 보트의 방향을 돌려서 시애틀 항의 불빛이 바닷물을 비춰게 하자 그들에게 도와 달라고 소리치고 있는 그녀를 발견할 수 있었다. 랄프 선장이 기술적으로 배를 작동하는 중에 션이 필사적으로 구조를 요청하는 그녀를 배위로 건져 올렸다. 션의 발 밑에 쓰러진 채 그의 다리를 붙잡으며 그녀는 거듭거듭 감사하다고 말했다. 이 매치메이커 호가 다가오는 것을 보았을 때 그녀가 얼마나 큰 안도감을 느꼈을 지 상상해 보라! 조류가 그녀를 휩쓸어

갈 때 그녀는 절망속에서 구조작업대가 점점 멀리 사라지는 것을 지켜 보아야 했었다.

일상적인 여정이 전략적인 사건이 되었고 한 사람의 목숨을 구했다. 준비되어져야 한다. 랄프 선장과 같이. 당신도 특별한 카이로스를 위해 하나님께서 준비한 사람이 될 수 있다.

나는 하나님께서 1990년대 초에 유럽의 철의 장막이 무너지도록 하신 것을 기억한다. 수백 만의 사람들을 속박하는 공산주의 정권이 무너지도록 사람들은 수십 년 동안 기도했었다. 이 일은 결코 일어날 것 같아 보이지 않았다. 그러나 갑작스럽게 하나님께서는 때와 시기를 변화시키셨고, 유럽은 급속하게 변하였다. 다른 정부들, 다른 지도자들, 다른 이름의 국가들이 생겼다. 하나님께서는 하나님의 때를 매우 빨리 행하시는데 필요한 지혜와 힘이 있으신 분이다.

하나님께서는 우리를 위해서도 같은 일을 행하실 수 있다. 일상적 시간인 크로노스 안에서 인내하라. 카이로스가 다가오고 있다!

1. 당신의 삶 가운데 오랜 세월 동안 인내와 연단을 필요로 했던 경험이 있는가? 성실하게 수년 동안 수고함으로써 어떤 열매를 거두었는가?

2. 우리가 비록 일생 동안 일이 완성되는 것을 보지 못한다 하더라도, 하나님께서는 우리가 어떤 일이 일어나리라는 것을 성실하게 계속해서 믿기를 원하시는가? 성경에서 이런 예를 찾아볼 수 있는가?

3. 당신은 당신 삶의 크로노스 시기와 카이로스 시기를 각각 분리해서 생각하는가, 아니면 함께 연관지어서 생각하는가?

4. 소망하는 일이 이루어질 때까지 하나님의 때를 기다리지 않음으로써 어떤 결과를 겪게 되는가?

5. 무엇이 당신에게 하나님의 때가 당신의 삶과 사람들과의 관계 속에 임하기까지 기다릴 수 있는 힘을 주는가?

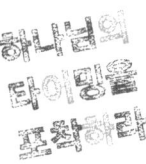

3장 완성의 때

하나님께서 변화를 가져오실 때, 우리는 그 분과 함께 변화할 준비가 되어 있어야 한다. 우리가 주의를 기울이지 않는다면, 우리는 하나님께서 우리를 크로노스 단계로부터 카이로스 시기를 거쳐 완성으로 이끄신다는 것을 믿지 않게 될 것이다. 우리는 열심히 일하고도 결실을 거의 거두지 못하는 데 익숙해져서, 변화의 때가 왔음에도 새로움으로 나아 가는 믿음을 가지지 못하는 경우가 없어야 한다.

3장.. 완성의 때

하나님께서 우리를 일반적인 크로노스 시간으로부터 적절하고 전략적인 카이로스 시간으로 옮기셨다고 해서 그 과정과 신앙의 싸움이 끝이 났음을 의미하는 것은 아니다. 단지 최대한의 기회가 주어지는 매우 전략적인 시기로 전환되었을 뿐, 아직 완전한 결실에 도달하지는 않았음을 깨달아야 한다. 여전히 지속적인 인내가 필요하다.

성경은 크로노스와 카이로스뿐만 아니라, '플레루'(pleroo)에 관해서도 말한다. 갈라디아서 4장 4절을 보면 "때가 차매 하나님이 그 아들을 보내사 여자에게서 나게 하시고 율법 아래 나게 하신 것은"이라고 말한다.

'때가 차매'는 어떤 것이 완전히 완성되거나 끝이 났음을 가리킨다. 카이로스는 어떠한 과업이나 열매를 결실하기 위한 기회를 가리키는 반면에, 플레루는 그것이 성취됨을 의미한다.

이것은 아이를 해산하는 과정에 비교된다. 임신 후에 여성들은 모두 삼 단계 즉 크로노스, 카이로스와 플레루를 겪는다. 그녀는 아홉 달 동안 힘들기는 하지만, 중요한 크로노스의 단계를 성실하게 잘 견디어낸다. 보이지 않는 자궁 속에서 많은 일들이 일어나고 있지만 그녀는 여전히 얻게 될 열매를 완전하게 즐길 수가 없다.

그리고 나서 그녀는 분만의 카이로스 시기로 옮겨가게 된다. 그녀는 아직 완성에 이르지 않았지만, 그 때가 가까운 것이다. 그러나 이 카이로스 시간은 매우 힘들고 위험하다. 기회는 성공을 보장하지는 않는다. 해산이 완성되는 단계가 되면 큰 수고와 고통이 따르게 될 것이다.

나는 아내와의 관계에 있어서 단지 두 차례 - 우리의 딸 사라와 한나의 출산 때 - 지적인 대화가 불가능했

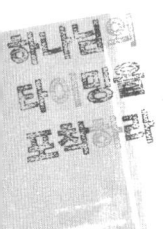

던 적이 있다. 그녀가 출산을 경험하며 완전히 비이성적으로 되었기 때문이다.

이 카이로스 시간은 나에게 매우 불안한 때였다. 나는 내 아내를 사랑했고 그녀를 돕기 원했지만, 그녀의 너무나도 간절한 바람과는 달리 분만의 과정을 중지시키는 일은 불가능했다. 나도 또한 우리 아기들을 사랑했고, 아무리 어렵다고 하더라도 분만의 과정이 계속되기를 원했다. 한 순간 나의 생명이 한 가닥 실에 매달려 있는 듯이 느껴졌다. 감사하게도, 분만과정을 계속하는 결정은 나에 의해서가 아니라 하나님에 의해서 이루어졌다.

마침내 한 여성이 카이로스 시기로부터 완성의 때인 플레루 단계로 나아갔고, 아기가 태어났다. 이 고통의 과정은 언제나 가치가 있다.

새로운 것을 낳는다는 것

영적인 출산도 또한 어렵고 위험하다. 그러나 산고

(産苦) 중의 여인과는 달리 우리는 이 전략적인 시간 중에는 포기할 수도 있고, 분만의 과정을 멈출 수도 있다. 영적인 출산은 종종 모험적이고 불안하다. 환멸, 근심, 혼동, 그리고 다른 문제들이 쉽게 일어날 수 있기 때문이다.

F. B. 메이어는 벌집을 묘사하면서 벌의 분투를 크리스천의 수고와 비교한다.

어떤 양봉업자가 나에게 벌집 이야기를 해 주었다. 어린 벌은 초기에 육각형의 봉방에서 자라는데, 그곳에는 어린 벌이 성숙할 때까지 필요로 하는 충분한 양의 꿀이 저장되어 있나. 그런데 이 꿀로 가득찬 봉방은 밀납으로 덮여 있어서 작은 벌이 이 꿀을 먹고 자라다가 꿀이 다 떨어지면, 이 밀납을 뚫고서 봉방 밖으로 나와야 할 때가 온다. 그러나 밀납을 뚫기 위한 분투, 고전, 긴장감이란! 이 힘든 작업은 벌에게 있어서 통과의례와 같은 것으로, 탈출의 고통 가운데 날개를 숨기고 있던 막이 비벼져서 벗겨지게 되고, 그제서야 벌은 두 날개로 날 수 있게 된다!

애벌레가 일단 봉방에 들어가게 되면 밀납 캡슐을 먹고

살게 되는데, 아무런 긴장감이나 어려움 없이 밀납 밖으로 나온 벌들은 날 수가 없다. 그리고 다른 벌들이 침으로 공격해서 그 벌들을 죽음으로 몰아간다.

당신은 다음 단계에 도달하기 위하여 고투하고 있는가? 포기하지 말라. 당신의 노력은 헛되지 않을 것이다. 오히려 필요할 수도 있다. 열쇠는 포기하지 않는 데 있다.

그리스도의 제자들을 생각해보라. 그들은 예수님과 함께 강도높은 훈련을 받으며 3년을 보냈다. 그리고 나서 카이로스 – 십자가, 부활, 승천, 그리고 성령강림 – 가 왔다. 그들에게 때의 완성이 매우 가까워졌다. 그러나 우리들 대부분과 마찬가지로 그들은 이 카이로스와 플레루 사이의 전환기에서 '아기'를 잃어버리기 매우 쉬운 상황에 처했다.

중요한 시점에, 그들은 무슨 일이 일어나고 있는지를 이해하지 못함으로써 혼란에 빠져버렸다. 하나님께서는 그들의 배후에서 활동하고 계셨지만, 제자들이 원하는 방식대로 일이 진전되지는 않았다. 그들은 혼란

속에서 좌절하여 서로를 쳐다보며 물었다. "우리는 앞으로 어떻게 살아야 하는가?"

3년 동안 예수님께서는 그들과 함께 하셨다. 그리고 나서 그들은 예수님께서 돌아가시는 것을 지켜보았다. 예수님께서 부활하셨을 때 그들은 환호했다. 그러나 예수님께서 다시 떠나시자, 이제는 영영히 예수님께서 그들을 버리시는 것 같았다. 그 분은 성령님이 오시리라는 것을 미리 말씀하셨지만, 제자들은 그 말씀을 이해하지 못하였다. 만약 예수님께서 그들과 함께 머물러 계셨더라면 이것을 더 이해하지 못했을 것이다.

베드로가 먼저 말문을 열었다(당신은 이 사실을 믿을 수 있는가?). "나는 고기 잡으러 가겠네"(요21:3). 이 말은 "나는 3년 전 내가 하던 일로 돌아가네. 그 일 밖에 내가 할 수 있는 일이 없을 것 같으이. 꿈은 사라졌어. 나는 하나님께서 무슨 일을 하시는지 모르겠어! 그러니 내가 하던 사업으로 돌아가는 것일세. 고기 잡으러 가는 거야."

베드로와 다른 제자들은 크로노스 시절을 겪고 나서 카이로스의 전략적 시간으로 변경되었다. 그러나 완

성을 보기 바로 전에 그들은 '아기'를 거의 유산할 뻔 하는 처지가 되어버렸다. 불과 며칠 후에 성령강림이 있음으로 해서 그들은 거의 잃을 뻔 했던 것을 얻게 되었다. 하나님의 성령으로 충만한 거듭난 신자가 된 베드로의 첫 번째 설교에는 놀라운 역사가 일어났고, 삼천 명의 사람들이 그리스도에게로 나왔다. 제자들은 하나의 단체로서 세상을 변화시키기 위해서 계속해서 전진해 나아갔다(행17:6). 완성의 때가 이루어진 것이다.

나 자신의 출산 고통

나는 개인적으로 하나님께서 허락하신 때의 변화가 얼마나 어려운지를 경험했다. 나는 7년 동안 밭을 가는 수많은 어려움을 통해서 하나님께서 우리 교회에 획기적인 진전을 허락하실 것을 기다렸다. 하나님께서 크로노스로부터 카이로스로의 변화를 만들기 시작하셨을 때, 그 방법은 내가 원했던 대로가 아니었다. 때때로 혼란스럽고 불안했다. 한편으로는 하나님께서 일어나고 있는 변화를 지휘하고 계신다고 깨닫고 있었으나, 내가 꿈꾸어왔던 것과 너무 달라서 내가 앞으로 나아가는 데 큰 도전이 되었다.

하나님의 계획이 실제적으로 드러나기 시작할 때, 나는 전혀 그 방식을 이해하지 못했다. 나는 종종 의기소침하고 흔들렸다. 나는 크로노스를 지나서 하나님께서 "내가 네게 주는 비전을 성취하기 위해서 일을 시작하였노라"라고 말씀하시는 카이로스로 왔다. 그러나 일어난 사건들은 완전히 내 기대에 어긋났다.

어느 날 우리 교회 부목사가 나에게 와서 이 도시에서 개척교회를 시작하고 싶다고 말했다. 그는 기꺼이 더 기다리거나 다른 도시로 갈 수도 있다고 했지만, 그의 마음은 콜로라도 스프링스에 있었다. 많은 기도 후에 나는 그가 정말로 이 도시에서 교회를 시작하고 싶어 한다는 것을 알게 되었다.

나는 아주 이기적이지 않은 결정을 내려서, 그가 자유롭게 그 일을 하도록 배려하였다. 나는 또한 교회 임직원들에게 성령께서 이끌어주시는 대로 그 목사님과 함께 가서 교회 개척을 돕도록 격려했다. 우리는 교회

식구의 10~15퍼센트 정도가 갈 것이라고 추측했다.

그러나 사탄은 나쁜 소문과 시나리오를 창작해내서, 평화로운 교회 개척이 아니라 교회가 갈라져 나가는 것 같이 보이게 했다. 소문 중 하나는 내가 새 교역자를 데리고 오기 위해서 이 부목사를 강제로 해고했다는 것이었다. 비록 우리 둘 다 노력을 했지만, 우리는 이 거짓말을 극복할 수 없었다. 몇 명의 사람들은 내가 나 자신을 보호하기 위해서 거짓말을 하고 있는 것이고, 그 부목사는 은혜롭게 나의 죄를 덮어주려고 하는 것이라고 믿었다. 공격이 나에게 가해졌다.

나로서는 가장 이기적이지 않은 결정을 내렸는데 돌아온 것은 얄궂게도 혹독한 비판과 비난이었다. 그를 돕기 위해 떠난 교인의 수는 예상했던 15퍼센트가 아니라 40퍼센트에 육박했다.

이런 일들을 겪으면서 나는 몇 번씩이나 교회 개척을 중지시킬 것에 대해서 고려해보았다. 그러나 성령께서는 그것을 허락하지 않으셨다. 그 분은 계속해서 개척교회가 추진되도록 나를 지도하셨고, 또한 그분께서 우리를 보호해주시리라는 확신도 나에게 주셨다. 성령께서는 이 책의 제 1장에서 내가 언급했던 놀라운 일들을 나에게 말씀하셨다.

이 카이로스 시간 동안에 나는 환경에 눌리지 말고, 나무가 아니라 전체 숲을 보는 안목을 가져야 한다고 다짐했다. 기운 빠질 일을 많이 겪으면서 나는 하나님과 많은 대화를 나누었다. "하나님, 정말 당신이십니까? 우리는 정말로 당신께서 이런 일을 하라고 말씀하신 것을 들은 것인가요? 정말로 당신께서 이 모든 일이 일어나도록 허락하셨나요? 만약 하나님께서 우리에게 이런 일을 하라고 말씀하셨고, 우리가 그 말씀을 순종하고 있는 것이라면, 모든 일이 잘 되어질줄 믿습니다. 딩신께서 모든 것을 주관하고 계시다는 것을 제가 아는 한, 바깥으로 들어난 일들이 제가 생각하는 것과는 완전히 반대로 진전되어진다고 해도 저는 괜찮습니다."

나의 이런 고난의 때를 잘 요약해주는 한 예화가 있다.

난파선의 유일한 생존자가 파도에 떠밀려서 작은 무인도에 상륙하게 되었다. 그는 하나님께 구원해달라고 부르

짖었다. 그리고 날마나 수평선을 따라서 바다를 뚫어져라 쳐다보았지만 지나가는 배는 한 척도 없었다.

자포자기해서 그는 결국 허름한 오두막집을 짓고 얼마 안되는 소유물을 그 속에 두었다. 그러나 어느 날 먹이를 잡으러 나갔다가 돌아와보니, 그의 작은 오두막은 불에 휩싸여 있었고 연기가 하늘로 솟구치고 있었다. 최악의 상황이 일어난 것이다. 그는 비탄에 잠겼다.

그러나 다음 날 일찍이 배 한 척이 그 섬으로 접근하여 그를 구해냈다. "내가 여기 있다는 것을 어떻게 알았습니까?" 그가 사람들에게 물었다. "우리는 당신의 연기 신호를 보았습니다." 현재로는 그렇게 보이지 않더라도 당신이 지금 겪고 있는 어려움이 미래의 행복을 위한 도구가 될 수 있다.

나는 하나님의 신실하심을 계속해서 나자신에게 상기시켜야만 했다. 만약 내가 그분께서 말씀하신 것을 실행한다면 그분은 말씀한 것을 지키실 것이다. 그러면 하나님의 말씀대로 아주 짧은 시간내에, 하나님께서는 우리가 그분께 순종하지 않았을 때 일어날 수 있는 정도를 훨씬 넘어선 방식으로 초자연적으로 행하신다. '새로운', '숨겨진' 일들 – 놀라운 일들 – 이 '시작되어'진다. 우리는 아직까지 완성의 단계에는 와 있지 않지만, 분명히 출산의 시기에는 다다르게 된다.

바울은 이 효과에 대하여 "내게 이르시기를 내 은혜가 네게 족하도다 이는 내 능력이 약한데서 온전하여 짐이라 하신지라 이러므로 도리어 크게 기뻐함으로 나의 여러 약한 것들에 대하여 자랑하리니 이는 그리스도의 능력으로 내게 머물게 하려 함이라 그러므로 내가 그리스도를 위하여 약한 것들과 능욕과 궁핍과 핍박과 곤란을 기뻐하노니 이는 내가 약할 그때에 곧 강함이니라"(고후12:9~10)라고 말한다.

'카이로스'로의 변화가 이루어질 때, 우리가 이해하지 못할 일들이 생긴다. 우리의 인간성은 마음속으로 모든 것을 계획하고 일이 어떻게 진전되리라는 것에 대한 시나리오를 구성하려는 경향이 있다. 일이 그 계획대로 일어나지 않게 되면, 또 다른 인간성이 발동하여 모든 것에 대하여 의문을 제기하기 시작한다. 우리는 이때 상처받기가 가장 쉽다. "나는 물고기 잡으러 간

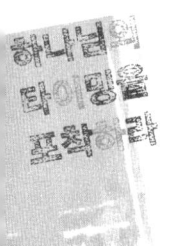

다… 난 할만큼 했어, 난 끝장났어"라고 말하려는 경향이 강해진다.

　이런 하나님의 때에 대한 이해와 겪게 될 지 모를 어려움을 교회의 부흥을 위한 기도에 적용해보자. 누가 깨진 꿈에 대하여 가장 상처입기 쉬운가? 부흥을 위하여 가장 열정적으로 기도했던 사람들이 가장 좌절하고 힘이 빠지기 쉽다. 잠언 13장 12절은 "소망이 더디 이루게 되면 그것이 마음을 상하게 하나니 소원이 이루는 것은 곧 생명나무니라"라고 말한다.

　현재 상태로 만족하고 부흥을 위해 별다른 열심을 낸 적이 없는 교인들은 성취되지 않는다고 하더라도 실망하지 않는다. 그들에게는 모든 것이 만족스럽다.

　만약 당신이 당신 삶가운데 기적이 일어나기를 바라고 있다면, 당신은 아무 일도 일어날 것을 기대하지 않는 사람들보다 더욱 희망이 지연되는 경험을 할 것이다. 이것이 패러독스이다. 하나님께 보다 열정적인 사람이 열정과 헌신이 거의 없는 사람보다도 영적인 좌절감에 빠질 위험이 많다.

하나님의 때가 시작될 때 준비가 되어 있어야 한다

　베데스다 연못에서 예수님께서는 36년 동안 중풍병으로 앓고 있는 사람에게 다가가셔서 이상하게 들리는 질문을 하셨다. "당신은 낫기를 원하는가?"(요5:6). 그 남자의 대답은 비록 그가 이 연못에서 기다리고 있지만, 전혀 고쳐질 희망이 없는 상태임을 드러냈다. 그는 카이로스 때에 있었고, 완성의 때에 가까웠지만, 좌절감이 그를 엄습하고 있었다.

　예수님께서는 비록 그가 연못에서 기적적인 움직임을 기다리고 있을지라도, 그가 실제로 고쳐질 희망을 모두 잃었음을 깨닫게 하기 위하여 이 질문을 하셨다. 새로움을 경험하기 단지 몇 초 전이며, 완전한 고침이 눈앞에 다가왔지만, 그는 이것을 인식하기에는 너무나 큰 좌절감에 빠져 있었다. 때의 여러 과정들을 지나오면서 그는 기대감을 잃었다. 예수님의 질문에 희망을 갖고 대답할 아무런 근거도 그의 안에는 남아 있지 않았다.

　하나님께서 변화를 가져오실 때, 우리는 그 분과 함

께 변화할 준비가 되어 있어야 한다. 우리가 주의를 기울이지 않는다면, 우리는 하나님께서 우리를 크로노스 단계로부터 카이로스 시기를 거쳐 완성으로 이끄신다는 것을 믿지 않게 될 것이다. 우리는 열심히 일하고도 결실을 거의 거두지 못하는데 익숙해져서, 변화의 때가 왔음에도 새로움으로 나아가는 믿음을 가지지 못하는 경우가 없어야 한다. 하나님께서는 거룩한 변화를 우리의 삶과, 우리 교회, 우리 지역 사회와 우리 나라에 가져오기를 원하신다. 하나님께서 지금이 변화의 시기라고 말씀하실 때, 우리는 그 분이 변화를 일으킬 수 있으며 또한 기꺼이 그렇게 하시리라는 것을 깨달아 그 분의 손을 잡고 그 분과 함께 변화해야 한다.

「리더스다이제스트」는 고(故) 하비 페닉(Harvey Penick)에 대해 이야기한다. 1920년대 그는 빨간색 표지의 스프링 공책을 사서 골프에 관한 그의 관찰을 적어나가기 시작했다. 그는 1991년에 어떤 작가에게 그 내용이 출판할 가치가 있는지 보아 달라고 부탁하기 전까지 손자 이외에 어느 누구에게도 그 공책을 보여준 적이 없었다. 그런데 그 작가는 그 공책을 읽어보고는 그에게 출판할 가치가 있다고 말해주었고, 다음 날 저녁 그의 부인에게 사이몬 앤 슈스터 출판사와 선금 9만 달러에 출판계약을 체결했다고 말해주었다.

나중에 작가가 페닉을 만났을 때 페닉은 큰 걱정을 하고 있었다. 그는 자신의 의료비가 많이 들기 때문에 출판사에 그와 같이 많은 선금을 지불할 수 없다고 하였다. 작가는 페닉에게 그가 바로 9만 달러를 받을 사람임을 다시 설명해주어야 했다.

그의 첫 번째 골프 책인「하비 페닉의 작은 빨간 책」은 백만 권 이상 팔렸고, 스포츠 책의 역사상 가장 많이 팔린 책의 하나가 되었다. 그의 두 번째 책「만약 당신이 골프를 한다면 당신은 나의 친구입니다」도 거의 75만 권이나 팔렸다.

우리는 때때로 일상적인 단계에서 너무 오랫 동안 머물러 살기 때문에 페닉의 경우처럼 다가오는 하나님의 축복을 받아들이기 어렵다. 하나님께서 변화를 제공하실 때, 그것을 받아들일 준비를 갖추어야 한다.

하나님의 때는 사탄을 무기력하게 만든다. 사탄은 메시아에 대한 모든 예언을 들었고, 영원한 크로노스를

끈질기게 지지했다. 그리고 나서 그는 동정녀 탄생을 보았고, 카이로스가 왔음을 깨달았다. 사탄은 4천 년 동안 이런 일이 생길까 두려워하며 하나님께서 어떻게 인류구원의 역사를 성취하실지 짐작할 수도 없었지만 이후로 하나님의 일이 전개됨을 깨닫게 되었다. 사탄은 변화가 다가오는 것을 보았지만 자신에게 하나님의 일을 중지시킬 수 있는 아무런 방법도 없음을 깨달았다. 사탄은 겁을 먹고 떨게 되었다. 바로 이 이유 때문에 사탄은 교회에 대해서 열심히 공작을 꾸미고 있었다. 사탄은 자기가 하나님을 멈추게 할 수는 없지만, 실망, 불신, 냉담, 자기만족을 통해서 하나님의 사람들을 멈추게 할 수 있을 것이라고 생각한다.

우리는 결단코 이런 일이 일어나도록 허락해서는 안된다! 우리는 우리가 겪는 어려움의 시간들이 실패가 아니라 훈련과 준비의 시기라는 것을 깨달아야 한다. 그리고 하나님께서 지금이 변화의 때라고 말씀하실 때, 우리는 그 분과 함께 변화할 준비가 되어 있어야 한다. 하나님께서는 환경을 흔들어 놓으셔서 우리를 안락한 지대로부터 이끌어내신 후 사물들을 재편성하실 수도 있다. 그리고 이스라엘 민족처럼 우리는 언제나 이런 변화를 좋아하지 않을 수 있고, 오히려 사막의 한 구석에서 안락함을 찾을 수도 있을 것이다. 그러나 하나님께서 "지금이 변화할 때다!"라고 말씀하실 때, 우리는 즉각 변화할 수 있어야 한다. 당신은 필요한 것들을 재정리할 것인가? 하나님과 함께 할 수 있도록 당신의 삶을 조정할 것인가? 그렇지않다면 당신은 하나님께서 원하시는 변화와 성취를 놓치고 말 것인가?

나는 미국이 밭가는 시기에서 수확의 시기로, 광야로부터 가나안으로 막 나아가려고 하는 때에 와 있다고 믿는다. 약함으로부터 강함으로 변화하려고 한다. 하나님께서는 사람과 돈을 변화시키려고 하신다. 우리를 힘, 징표, 경이로움, 기적, 그리고 구원으로 변화시키려고 하신다. 어떤 이들은 병으로부터 건강으로, 상처로부터 온전함으로, 탕자가 있는 깨어진 가정으로부터 이제 탕자가 하나님을 섬기는 복된 가정으로 변화시키려고 하신다. 하나님은 우리가 과거의 크로노스 시간에 해왔던 기도와 밭가는 노고를 새로운 것을 창조하는 데 사용하시려 한다.

하나님께서는 우리 학교에도 강력한 방식으로 변화를 행하려고 하신다. 하나님을 제외하려는 모든 인간이 만든 규칙을 깨뜨리려고 하신다. 그들이 원하고 있는 것이 바로 하나님임을 자각하지 못하는 세대를 위하여 그 자신을 분명히 나타내려고 한다. 어떤 이들은 그 일을 멈추게 하려고 애쓰겠지만, 그들이 할 수 있는 일은 아무 것도 없다. 왜냐하면 성령의 바람이 막 불어오기 시작했기 때문이다. 복도와 교실에서 부흥이 일어나고 있다. 교사들이 참여하든, 참여하지 않든, 청소년들과 어린이들은 부흥에 참여할 것이다.

수년 동안 휠체어에 앉아서 복도를 돌아다니던 사람이 갑자기 "그 분이 나를 고치셨다!"고 외치면서 복도를 뛰어다니며 하나님을 찬양하는 일이 이 학교들 가운데서 일어난다면 어떻게 될까? 이 이야기는 상당한 추수의 결과를 가져온 사도행전 3장에서 일어난 이야기이다. 하나님께서 변화시키실 때, 그 분의 위대한 업적에 대한 증거가 따르게 되고 이어서 많은 이들이 그리스도에게로 나오게 될 것이다.

우리는 때와 시기를 변화시킬 수 없다. 오직 하나님

만이 그렇게 하실 수 있다. 그러나 우리는 그 분과 협력할 수 있다. 우리가 크로노스 시기에 성실한 삶을 살아감으로써 하나님께서 우리를 카이로스로 옮기시고, 그리고 나서 완성의 때를 맞게 하실 수 있다. 우리는 인내하고 자기성찰에 주의를 기울여야 한다. 우리는 무감각, 자기만족 그리고 불신으로부터 자신을 보호해야 한다.

우리는 진리에 자신의 닻을 내리고 하나님께서 신속히 변화를 조화롭게 편성하시리라고 믿어야 한다. 우리는 크로노스 시간이 필요한 이유를 이해하고, 또한 하나님께서는 매우 빨리 전략적인 카이로스 시기로 나아가서 완성의 때로 변화시키는 능력을 갖고 계시다는 것을 기억해야 한다.

우리는 준비를 갖추어서 기꺼이 하나님과 함께 변화되어야만 한다. 그렇게 될 때 하나님께서는 우리 삶 속에서, 그리고 우리 삶을 통하여 하시리라고 말씀하셨던 모든 것을 성취하실 것이다.

마음을 새롭게 하기

R E N E W I N G

1. 당신이 자신의 시간표를 짜 놓고 어떤 식으로 일이 전개되어야 한다고 정해놓았는데, 하나님께서 완전히 다른 시간표와 삶의 과정을 준비해 놓으신 적이 있는가? 만약 그렇다면, 왜 당신은 하나님의 적절한 때와 방법을 알지 못했는가? 이러한 착오가 일을 겪어나가는데 어떠한 영향을 끼쳤는가?

완성의 때

2. 당신은 카이로스로부터 완성의 때로 나아가는 불안정한 전환기를 경험했는가? 이 위기의 시기 동안에 반드시 잊지 말아야 할 것은 무엇이었는가?

3. 당신의 태도와 준비된 상태가 당신 삶 가운데서 여러 가지 시기를 창출하는 데 어떤 영향을 미쳤는가?

4장 눈물의 골짜기 훈련소

우리가 하나님의 형상을 닮아 갈수록 그 분은 우리 안에서 더욱 인정을 받으신다. 하나님을 나타내는 우리의 능력이 커질수록, 하나님께서는 우리 안에서 또 우리를 통해서 더욱 더 드러나시게 된다. 하나님은 우리 안에서 절실히 인정받기를 원하신다. 하나님께 영광을 돌리는 것은 놀라운 순환의 과정이다. 우리 삶 가운데 그리스도를 인정하고 그 분의 영광을 더욱 많이 드러나게 할수록 그 분은 우리 안에서 더욱 인정을 받으신다. 그 결과 세상이 그리스도를 더욱 더 많이 볼 수 있게 되는 것이다.

4장 .. 눈물의 골짜기 훈련소

　최근에 스모키 산에서 휴가를 보내면서 쎄시와 나는 계곡의 웅장함과 시원함을 즐기며 걱정 없는 젊은이들처럼 다양한 장소에서 계곡물을 건너느라고 이 바위에서 저 바위로 뛰어 다녔다.

　손을 잡고 웃고 사진을 찍으면서 얼마나 유쾌했었던가! 적어도 내가 물에 빠지기 전까지는 그랬다. 보다 더 남자답게 보이려고 인적이 드문 곳을 찾다가 1미터 폭의 물이 흐르는 두 바위 사이를 건너 뛰어야 하는 위험한 곳에 이르게 되었다. 이쪽 바위에서 저쪽 바위로 건너 뛰던지 아니면 두 바위 위에 걸쳐져 완벽한 균형을 잡고 있는 것처럼 보이는 나무 그루터기 위를 건너든지 하여야 할 상황이었다.

운명적으로 나는 나무 그루터기를 택했다. 그런데 이 그루터기는 단지 보기에만 균형이 잡혀 있었다. 으스대는 남자들을 부추기기 위해서 악마가 슬쩍 걸쳐놓은 것 같았다. 내가 발을 내딛자 그루터기가 앞뒤로 심하게 흔들리기 시작했다. 나는 목을 움추린 닭이 춤추듯이 버둥거릴 수밖에 없었다. 70년대에 유행한 움추린 닭춤을 잘 모르는 이들은 방금 목이 잘려나간 닭의 모습을 떠올리면 될 것이다.

중력을 받아서 나는 빙글 돌다가 간신히 한 쪽 팔로 한 편 바위를, 다른 팔로 다른 편 바위를 잡게 되었다. 이제는 결코 평화로워 보이지 않는 계곡 물이 내 코에서 15센티미터 밖에 떨어져 있지 않았다. 아내의 비명소리를 들으면서 나는 어떻게 해야 여전히 남자답게 보이면서 삔 오른 쪽 어깨에 무리를 주지 않고 이 난관을 벗어날 수 있을 것인가 궁리하였다. 마침내 나는 젊고 탄탄하게 보이게 하면서 근육에 온 힘을 모아 한 쪽 바위 위로 올라설 수 있었다.

아내가 나의 나이에 어울리지 않는 우스꽝스러운 목이 잘린 닭 같은 모습에 대해서 중얼거리는 동안에도 나는 나의 힘과 민첩함에 대해서 자랑하는 말을 늘어놓았다. 겨우 위기 상황을 모면한 후, 나는 이 쪽 바위에서 저 쪽 바위로 건너가는 일이 바로 하나님의 때에 반응하는 것과 같은 것임을 인정하지 않을 수 없었다.

요컨대, 나는 어떻게 전환기를 보내며 장애물을 극복하는 지가 중요하다는 것을 깨닫게 되었다.

하나님의 때에 관한 성경 말씀들

성경에는 언제나 나에게 의미가 있는 하나님의 때에 관한 말씀들이 있다. 나는 이 말씀들을 '다리가 되는 말씀들'(Bridge Verses)이라고 부르고 있다. 각 절은 우리가 특정한 단계에서 다른 단계로 옮겨가는 내용들을 담고 있다. 이 말씀들을 살펴보자.

하나님의 지혜가 우리의 길을 밝혀주신다

잠언 4장 18절은 우리가 더욱 더 밝은 길로 나아간다고 말해주고 있다.

"의인의 길은 돋는 햇볕 같아서 점점 빛나서 원만한 광명에 이르거니와."

성경 말씀 가운데 빛은 종종 계시와 진리를 나타낸다. 계시(revelation)의 동의어로 계발(enlightenment)이 있는데, 이 단어들의 어원은 헬라어의 빛(phos)이다. 계발의 문자적 의미는 '빛에 거하게 하다'이다. 하나님께서는 그 분의 계시의 빛을 우리의 길에 비추셔서 우리가 하나님의 영광을 드러내며 더 큰 성공을 누리기를 원하신다.

새로운 변화의 한 과정으로서 주님께서는 우리를 한 단계의 계시적 밝음으로부터 다음 단계의 계시적 밝기로 옮기신다. 우리의 이해가 깊어질수록 우리는 각 단계를 보다 효율적으로 옮겨갈 수 있다. 어제의 계시

는 오늘을 위해 충분하지 않다. 결실의 새로운 수준은 새로운 수준의 지식과 통찰력을 요구한다. 우리는 신선한 빵 – 변화의 빵 – 을 먹어야만 한다.

우리는 더욱 더 하나님의 말씀을 많이 알아야 하며, 또 실제로 일상적인 생활에서 '우리의 길을 인도하시는 그 분의 빛'(잠3:6 참조)이 필요하다. 우리는 여행길에서 셀 수도 없는 많은 결정에 직면하게 되는데, 우리가 계속 앞으로 나아가야 하는지 머물러야 하는지를 결정해야 할 경우가 많다. 하나님께서 우리를 위해 준비해두신 다음 단계로 전진하라는 성령의 이끄심을 우리가 따르지 않는다면 우리는 퇴보를 경험하게 될 것이다. 그리고 하나님의 계시의 빛이 우리의 길을 계속해서 비추지 않는다면 우리는 카이로스의 기회를 잃게 된다.

여호수아와 이스라엘 백성은 가나안 점령 작전에 있어서 두 번의 심각한 퇴보를 경험해야 했다. 한 번은 아이 성에서였고, 다른 한 번은 기브온 족속들과의 약속이었다(수7~9장 참조). 그들이 하나님의 인도를 받지 못한 결과 이 두 번의 실패가 일어났다.

우리가 현재 상황에서 얻는 통찰력 – 빛 – 은 종종 하나님께서 우리를 위해 예비하고 계신 미래의 단계를 위한 도움이 될 수 있다. 다윗은 이스라엘 왕이 되기까지 그의 여정을 통해서 많은 것을 배웠다. 골리앗을 향하여 외쳤던 그의 말 – 이 사건은 분명히 그의 생을 크로노스에서 카이로스로 변화시켰다 – 은 사자와 곰으로부터 지켜주셨던 하나님께서 또한 골리앗으로부터도 지켜주시리라는 것이었다(삼상17:34~37).

다윗이 양을 치던 때와 같이, 우리가 이 세상에 드러나지 않은 상태로 고립되어 있을 때에도 하나님께서는 우리를 드러내기 위해서 지도력을 훈련시키고 계신다. 아무도 다윗이 사자와 곰을 물리치는 것을 보지 못했지만, 이스라엘의 모든 군대는 그가 골리앗을 무찌르는 것을 보았다. 미래가 우리에게 보이지 않기 때문에, 우리는 자주 다음과 같은 의문에 빠지게 된다. 이 시련의 목적은 무엇일까? 나는 왜 이러한 혼란을 겪어야 하는가? 왜 나에게 이러한 어려움이 닥치는가? 이 교훈의 목적은 무엇인가?

그 해답을 아마 여러 해 동안 알 수 없을 지도 모른

다. 그러나 그런 중에도 하나님께서는 결코 이 시기를 낭비하지 않으신다는 것을 명심하라. 이런 크로노스의 시간 중에 당신에게 비취는 계시의 빛은 마침내 당신이 목적지에 다다를 때 도움이 될 것이다. 하나님께서는 그 분의 은혜와 지혜 가운데 우리를 어떤 때는 빠르게, 어떤 때는 천천히 완성을 향해 나아가게 하신다. 바로 적절한 때에 변화는 일어날 것이다.

교훈들을 잘 익히기 바란다. 인생의 경험들은 서로 연관되어 있다는 것을 기억하라.

믿음으로 행하면 더 큰 믿음이 생긴다

로마서 1장 17절은 믿음으로 믿음에 이르게 한다고 말하고 있다.

"복음에는 하나님의 의가 나타나서 믿음으로 믿음에 이르게 하나니 기록된 바 오직 의인은 믿음으로 말미암아 살리라 함과 같으니라."

하나님께서 행하시는 모든 새로운 일은 새로운 수준의 믿음을 요구한다는 것을 알고 있는가? 만약 우리가 하나님 안에서 전진하고 있다면, 하나님께서는 계속해서 우리에게 도전하고, 우리를 격려하실 것이다. 그분은 우리가 더 큰 책임을 감당할 수 있도록 준비하신다. 오늘 우리에게 요구하시는 믿음은 어제 우리에게 요구하셨던 믿음과는 다르다.

많은 크리스천들이 현재 상태에 만족해서 정체된 채로 안주하고 싶어한다. 그러나 하나님 안에서 정지된 상태로 머무르는 것은 선택사항이 아니다. 하나님은 그분이 하기를 원하시는 새로운 일에 필요한, 질적으로도 새롭고 양적으로도 큰 믿음으로 우리를 인도하길 원하신다.

여러 해 동안 주님과 함께 동행하면서 그분이 내게 맡기시는 과제는 더욱 많아졌고 더욱 어려워졌다. 나는 매우 어려운 일을 당하고 있는 사람들을 도울 때면 감회가 새롭다. 이런 힘든 시절을 통해서 여러 가지 귀한 교훈을 얻었기 때문이다. 그런데 하나님께서는 나의 과제를 나 자신의 일을 넘어서, 단체들의 일 즉 가정, 직

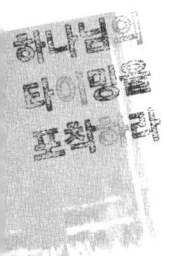

원들, 성경공부반, 교회 등으로 확대시키셨다.

그러나 더 나아가 하나님께서 나를 국가에 초점을 맞추도록 하기 시작하셨을 때, 나의 삶의 모든 것이 변하게 됐다. 나는 완전히 새로운 수준의 믿음으로 나아가야 했다. 한 사람이나 한 단체에게 말하는 것과 나라 전체를 향하여 말하는 것은 전적으로 다르다.

현재 내 마음 속에는 미국의 모습이 확실히 그려져 있다. 하나님께서 나에게 과제를 주셨을 때 "내가 과연 이런 일을 할 수 있을까?"라고 종종 생각했지만, 하나님께서 나에게 적절한 준비를 시키지 않으셨다면 사명을 맡기지 않으셨으리라는 것을 잘 알고 있다.

자비하시고 지혜로우신 하나님은 우리가 우리의 믿음을 뛰어넘지 않는 범위에서 작은 과제부터 시작하게 하신다. 그러나 그 분은 우리의 믿음이 자라서 큰 믿음으로 나아가기를 원하신다. 우리가 자라지 않고는 하나님은 변화를 일으키실 수 없다.

몇년 전 나는 국가를 위한 기독교 지도자 모임에 참석했다. 이 모임 동안 성령께서는 나에게 분명히 "아무 말도 하지 말아라. 너의 때가 아니다"라고 말씀하셨다.

모임에서 아무 말도 하지 않는 것이 어색하고 당황스러웠지만, 나는 조용히 앉아서 다른 사람들의 말을 듣고만 있었다. 견디기 힘들었지만 중요한 교훈을 얻게 되었다.

하나님은 내가 그 분의 가르침에 따르지 않으면, 내가 실수를 저지르고 혼란을 겪게 되리라는 것을 알고 계셨다. 나는 충분히 그런 잘못을 저지를 사람이다. 그러나 나는 하나님께서 요구하시는 것이 완전함이 아니라 오직 순종임을 확신한다. 그리고 또 그 분의 때를 믿는다.

그로부터 몇년 후 국가를 위한 모임에서 나는 이번에도 분명한 성령의 음성을 듣게 되었다. "담대하라! 아들아, 너의 때가 되었다." 나는 나의 힘으로가 아니라 그 분이 주시는 큰 능력으로 말하였다. 그리고 난 후 그 다음 단계의 사역으로 옮겨지게 되었다. 그 때가 바로 하나님의 때였다.

믿음 안에서 자라가라. 하나님의 때는 완벽하며, 당신의 때가 올 것이다.

하나님의 영광이 우리를 변화시킨다

고린도후서 3장 18절은 "우리가 영광에서 영광으로 이르니"라고 말한다.

"우리가 다 수건을 벗은 얼굴로 거울을 보는 것같이 주의 영광을 보매 저와 같은 형상으로 화하여 영광으로 영광에 이르니 곧 주의 영으로 말미암음이니라."

'영광'이라는 뜻의 헬라어는 'doxa'인데 '인정한다'라는 의미를 내포하고 있다. '하나님께 영광을 돌린다'는 말은 문자적으로 하나님의 존재를 인정하며 우리의 삶을 통해서도 하나님을 인정한다는 의미이다.

우리가 하나님의 형상을 닮아갈수록 그 분은 우리 안에서 더욱 인정을 받으신다. 하나님을 나타내는 우리의 능력이 커질수록, 하나님께서는 우리 안에서 또 우리를 통해서 더욱 더 드러나시게 된다. 하나님은 우리 안에서 절실히 인정받기를 원하신다.

이렇게 하나님께 영광을 돌리는 것은 놀라운 순환

의 과정이다. 우리 삶 가운데 그리스도를 인정하고 그분의 영광을 더욱 많이 드러나게 할수록 그 분은 우리 안에서 더욱 인정을 받으신다. 그 결과 세상이 그리스도를 더욱 더 많이 볼 수 있게 되는 것이다.

그리스도의 지체 가운에 많은 이들이 현재 크로노스의 시기를 겪고 있다. 이 시기를 지나는 동안 하나님께서는 우리를 성실히 이끌고 계시다는 것을 명심해야 한다. 때가 되면 우리를 통해서 세상 사람들이 감동을 받는 일이 일어날 것이다. 그러나 사실은 우리 자신이 아니라 예수님에 대해서 감동을 받게 된다. 적절한 때가 되면 그분께서는 카이로스의 시기로 옮겨 주시고 그 후에 완성의 때를 맞게 하신다. 결과는 풍성한 추수와 아마도 위대한 부흥일 것이다.

고린도후서 3장 18절에서 "우리가 영광에서 영광으로 이르니"라고 기록한 사도 바울은 그 과정을 잘 이해했다. 극적인 회심 이후에 그는 하나님께서 그를 '영광스럽게' 만드시기까지 – 그가 그리스도를 닮도록 만드시기까지 – 수년 동안 크로노스의 시기에서 기다려야 했다. 적절한 때가 되었을 때, 사도행전 13장에 기록된

대로 하나님께서는 하나님의 때를 나타내셨고, 바울은 세상에 그리스도를 드러내기 시작했다.

하나님께서는 우리도 같은 길을 가기를 원하신다. 우리가 성령께서 우리를 변화시키도록 허락할 때, 우리는 그리스도를 닮게 될 것이고, 그만큼 우리는 자신의 모습을 버리게 될 것이다. 영광의 각 새로운 단계에서 하나님께서는 우리에게 더 많은 권위, 영향력, 그리고 힘을 허락하신다. 그리고 우리는 바울처럼 더욱 선명하게 세상에 그리스도의 모습을 보여줄 수 있을 것이다.

이러한 일이 일어나도록 노력하자. 영광에서 영광으로 이르도록 하자.

눈물의 단계를 통과하며 힘을 얻는 일

시편 84편 4~7절은 우리가 "힘을 얻고 더 얻어 나아가"라고 말씀한다.

"주의 집에 거하는 자가 복이 있나이다 저희가 항상 주를 찬송하리이다 주께 힘을 얻고 그 마음에 시온의 대로가 있는 자는 복이 있나이다 저희는 눈물 골짜기로 통행할 때에 그곳으로 많은 샘의 곳이 되게 하며 이른 비도 은택을 입히나이다 저희는 힘을 얻고 더 얻어 나아가 시온에서 하나님 앞에 각기 나타나리이다."

영어성경의 '바카'(baca)란 '눈물의 골짜기'를 의미한다. 우리는 인생의 어려운 때를 흔히 골짜기에 비유한다. 이러한 골짜기를 통과할 때, 만일 우리가 하나님과 함께 걷는 법을 이해한다면, 생명이 없어 보이는 곳에서도 샘이 솟아나게 할 수 있다. 사망의 골짜기가 생명의 강물이 흐르는 곳으로 변화할 수 있다. 황폐하고 메마른 곳에서 샘물이 솟아날 수 있다.

실제로 눈물의 골짜기에서 새로운 힘의 터전이 생기게 됨을 주목하라. '힘'이라는 의미의 히브리어 단어는 'chayil'인데 'chuwl'이라는 단어에서 파생되었다. 'chuwl'은 진통이나 출산을 의미하는 구약성서의 단어이다. 우리가 믿음으로 인내하면서 힘든 곳을 통과할 때, 하나님은 이 어려운 때를 이용하셔서 우리 안에 새

로운 힘(chayil)의 터전을 탄생(chuwl)시키신다. 마치 나비가 누에고치를 벗어나기 위해서 진통을 겪는 것과 같이 우리가 수고하며 눈물의 골짜기를 지날 때, 그 골짜기는 샘으로 변화하게 된다. 우리의 목적지는 눈물의 고치 속이 아니라 자유와 승리의 비상이다. 우리 삶의 메마르고 황량한 장소가 생명수가 흐르고 새 힘이 생기는 장소로 변할 수 있다. 성경은 "또 네가 많은 증인 앞에서 내게 들은 바를 충성된 사람들에게 부탁하라 저희가 또 다른 사람들을 가르칠 수 있으리라"(딤후2:2)라고 말한다.

하나님께서는 그리스도의 몸된 교회에 큰 변화를 행하여 오고 계시는데 이것이 어떤 사람들에게는 매우 힘든 일로 여겨진다. 불행하게도 많은 크리스천들이 고난의 때가 우리를 새로운 차원으로 이끌어 주는 수단이 됨을 깨닫지 못한다. 이 때를 인내하며 견디기보다, 그들은 눈물의 골짜기를 경멸하며 그들의 마음을 고통 중에 맡겨버린다. 힘을 얻어 나아가기 보다는 어리석게도 눈물의 골짜기에 남아 있기를 선택한다. 그들은 밭갈고 씨를 뿌리는 장소로부터 추수하는 축복의 장소로 나아가지 못한다. 그들은 하나님께서 그들의 삶을 통해서 일으키고자 하는 변화의 시기를 놓치고 만다.

'힘'(chayil)이라는 단어는 또한 군대와 부를 나타내기도 한다. 눈물의 골짜기를 지나왔기 때문에 우리는 보다 효과적으로 싸울 수 있고 더욱 많이 번영할 수 있다는 것을 깨달을 수 있어야 한다. 당장에는 일어나고 있는 어려운 일들을 이해하지 못하고, 실패하지나 않을까 염려할 수도 있다. 그러나 우리가 계속해서 믿음으로 나아가며 하나님께서 우리의 삶 가운데서 하시기 원하는 것을 하실 수 있도록 이 때를 사용하시도록 허용한다면 그 분은 이곳을 신병훈련소와 축복의 샘으로 변화시키실 것이다. 이렇게 될 때 우리는 이전보다 더 주님 안에서 강해지고 번영을 누리게 될 것이다.

우리는 승리의 한 지점으로부터 다른 승리의 지점으로 나아갈 수 있고, 또한 나아가야만 한다. 우리가 군인이라면 계급이 위로 올라가야 한다. 신병훈련소의 힘든 훈련을 마치고 신병의 위상을 벗어나서 씩씩한 보병으로 나아가야 한다. 어떤 이들은 주님께서 그들을 한 단계 더 높이실 수 있도록 훈련받음으로써 특수부대원

이 될 수도 있다.

　하나님께서 당신의 삶을 통해서 새로운 일을 하시도록 허용하라. 그 분은 우리를 한 새로운 카이로스의 시기로부터 또 다른 시기로 계속 나아가게 하시기를 열망하신다. 사실 그분은 우리를 카이로스 – 하나의 새로운 전략적이고 적절한 때 – 로 나아가게 하시기를 원하신다. 거기에서 우리가 성실하고 부지런하게 그 분과 함께 걷는다면, 그분은 우리를 완성의 때로 옮기실 것이다.

마음을 새롭게 하기

R E N E W I N G

1. 당신은 삶의 다양한 상황을 통해서 하나님께서 당신에게 보여주시는 중요한 계시들을 언제나 즉각적으로 인지할 수 있는가? 당신의 삶 속에서 경험하는 여러 가지 다른 상황들과 그 깨우침 간에는 어떠한 연관성이 있는가?

2. 하나님께서는 당신이 영적인 진보를 이루기 위해서 의식적으로 노력하는 것에 대해서 관심이 있으신가? 각 시기마다 다른 차원의 믿음을 요구한다고 생각하는가? 이러한 사실들로부터 당신은 격려를 받는가?

3. 하나님께 영광을 돌리는 것이 왜 놀라운 순환의 과정인지 설명하라. 당신이 '영광에서 영광으로' 나아가는 것이 주위 사람들에게 어떠한 영향을 미치는가? 또한 당신 자신은 어떻게 변화하는가?

4. 당신은 삶의 골짜기에서 생산되는 것을 선택할 수 있는가? 눈물의 골짜기를 지날 때, 당신은 무엇에 중점을 두는가? 당신은 골짜기 경험을 통해서 어떤 열매를 거두었는가?

5. '순종'을 정의하고 그것이 어떻게 인내와 관련이 있는지 생각해보라.

5장 변화의 문을 여는 9가지 열쇠들

우리가 하나님께서 주신 목적지를 향하여 앞으로 나아갈 때, 하나님께서 그곳에 이미 가 계신다는 점을 확실히 깨달아야 한다. 모든 크로노스, 카이로스, 그리고 완성의 때를 그 분은 미리 보신다. 변화들 - '새롭고', '숨겨진' 장소들 - 은 단지 우리에게만 새롭고 감춰져있는 것이다.

5장.. 변화의 문을 여는 9가지 열쇠들

　이 장에서 우리는 여호수아 1장을 통해서 하나님이 일으키시는 거룩한 변화에 대해 배울 수 있다. 크로노스에서 카이로스, 그리고 완성의 단계에 이르도록 해주는 9가지 열쇠들에 대해 알아보고자 한다.

　이스라엘 사람들은 역사상 가장 큰 전환기 중의 하나를 앞둔 상태였다. 그 때 하나님께서 그들에게 주신 전략들을 우리 자신의 전환기에 기억한다면, 그 전략들은 우리에게 큰 도움이 될 것이다.

열쇠1: 우리가 해야 될 의무를 인정해야 한다

하나님께서는 그 분이 하셔야 할 일만 하신다. 우리는 전환기에 그 분이 우리가 하기를 바라시는 일들을 해나가야 한다. 하나님의 위대하심을 지나치게 강조해서 모든 것을 하나님이 하신다고 생각하는 잘못을 범하지 말아라. 다시 말해서, 우리가 어떻게하든지 간에 하나님께서 우리를 완성으로 이끌어 주시리라고 생각하는 것은 위험한 착각이다. 가나안 땅에 들어가지 못하고 광야에서 사라져간 이스라엘 사람들을 봐도 알 수 있듯이, 완성의 때는 자동적으로 보장되는 것은 아니다.

여호수아 1장은 이스라엘이 카이로스 단계로 나가는 과정을 설명해 준다. 그들이 주님을 완벽하게 따르면 그들은 완성의 단계로 갈 수 있었을 것이다. 여호수아 1장 2절에서 하나님은 "내 종 모세가 죽었으니 이제 너는 이 모든 백성으로 더불어 일어나 이 요단강을 건너 내가 그들 곧 이스라엘 자손에게 주는 땅으로 가라"고 하신다.

하나님은 이 말씀을 통해서 여호수아에게 모세가 죽은 것 이상의 소식을 전하신다. 그렇다. 모세는 홀로 떠나간 것이고, 하나님께서는 아무도 보지 못하는 상황에서 그를 천국으로 데려가셨다. 계속해서 하나님께서는 여호수아에게 이렇게 말씀하셨다. "이제는 너의 때이다. 더 이상 너를 가르친 사람에게 의지하여 백성들을 위한 결정들을 내릴 수 없다. 너는 훈련을 받았고 준비되었다. 이제 네가 지도자이다. 여호수아, 너의 차례이다. 너의 의무를 받아들여라! 너는 지도자가 되어서 사람들을 이끌어야 한다."

변화의 과정에서 우리에게 의무가 주어져 있다는 사실이 위 성경말씀 가운데 '주는' 이라는 단어 속에 함축적으로 담겨 있다. 그것은 히브리 단어 '나단'(na-than)에서 번역된 것인데, '나단' 은 주는 것 이상을 의미한다. 나단은 임무를 부여하는 의미가 포함되어 있다. 하나님의 선물에는 그 분이 우리에게 주시는 임무가 포함되어 있다. 그 분은 우리가 열매를 맺는 단계에 이를 때 우리에게 선물을 주신다. 그 분은 우리를 완성의 단계로 이끄신다. 하나님의 선물과 함께 우리가 완성의 단계로 나아가야 하는 과업이 우리에게 주어진다. 그것은 우리가 감당해야 할 몫이다.

하나님께서 아브라함과 그의 후손들에게 땅을 '주셨을' 때, 그 분은 "내가 이 땅을 너희에게 주노라"라고 말씀하셨다기 보다는 "너희에게 이 땅을 과업으로 주노라"라고 말씀하신 것이다. 그들은 계속 나아가서 땅을 차지하고, 하나님께서 주신 과업을 수행하여, 하나님께서 그들을 통해 하시고자 하는 일들을 이루실 수 있게 해야 한다.

이것은 우리에게도 해당된다. 우리는 변화의 시간 동안 믿음직스럽게 우리의 역할을 수행하고, 하나님이 내리신 의무들을 수행해야 한다. 우리는 책임감 있게 행동하며 진실과 지혜의 길을 걸어야 한다. 그렇게 하면 우리는 완성의 단계에 다다를 수 있을 것이다.

열쇠2: 우리는 큰 믿음을 가지고 나아가야 한다

이점은 우리가 완성의 때에 가까워질수록 더욱 그

러하다. 가끔 이 단계에서는 크로노스 시기에 필요했던 것보다 더 많은 믿음을 요구하기도 한다. 여호수아 1장 2절에서 하나님께서는 여호수아에게 말씀하신다. "이 요단을 건너라." 그 분은 이 강이 몇 달 전이나 몇 달 후의 요단강이 아닌 물이 넘쳐흐르는 현재의 요단강임을 강조하셨다(수3:15). 그것은 아마도 1마일 너비에 아주 깊어서, 이스라엘 사람들에게는 건너기가 불가능해 보이는 강이었을 것이다. 하지만 하나님께서는 여호수아에게 남자들, 여자들, 아이들, 동물들, 그리고 재산을 가지고 이 강을 건너야 한다고 말씀하셨다. 이 주님의 말씀을 받아들이기 위해서 얼마나 큰 믿음이 요구되었을 것인가!

우리도 카이로스 단계에서 완성을 향하여 나아갈 때에 이기기 힘든 고난들과 불가능한 상황들을 만날 것이다. 큰 믿음이 필요할 때이다. 우리는 하나님께서 오셔서 그 분의 역할 - 불가능을 가능하게 만드시는 일 - 을 하셔서 우리가 목적지에 도달할 수 있게 해주실 것을 믿어야 한다.

솔직히 말해서 기다리는 시간 동안에는 그다지 많

은 믿음이 필요하지 않다. 이 시간에는 인내심은 중요하지만 꼭 엄청난 믿음을 요구하지는 않는 것이다. 하지만 하나님께서 우리에게 앞으로 나아가라고 하실 때, 우리의 걸음걸음에는 믿음이 요구된다. 우리는 언제나 믿음으로 움직이기 위한 준비를 해놓아야 한다. 이 이야기를 신중하게 읽어보라.

가뭄이 영원히 지속되는 듯 하자, 중서부 지방의 작은 농촌 마을 사람들은 어찌해야할 지를 모르고 있었다. 비는 농사에 중요할 뿐 아니라 도시 사람들의 생활에도 큰 영향을 미치는 것이었다. 문제가 점점 심각해지자, 지역 교회도 하나가 되어서 비를 구하는 기도회를 열기로 하였다.

담임목사는 예배당에 사람들이 모이는 것을 지켜보았다. 그는 천천히 여러 교우들 사이를 지나서 기도회를 시작하기 위해 앞으로 나아갔다. 그가 지나친 교우들은 통로에서 서로 이야기를 나누며 즐거워하고 있었다. 목사는 드디어 자기의 양떼 앞에 자리를 잡고 섰다. 그리고 회중을 조용히 시킨 후 기도회를 시작해야겠다고 생각했다.

그가 정숙을 요구했을 때, 앞줄에 11살 짜리 소녀가 앉

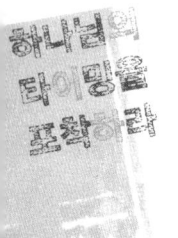

아있는 것이 눈에 띄었다. 그 아이는 흥분으로 얼굴이 상기돼서 천사처럼 빛나고 있었고, 옆에는 빨간색 우산이 놓여져 있었다. 그 광경의 아름다움과 순진함이 목사를 감동시켰다. 그는 이 소녀가 다른 교우들은 잃어버린 듯한 믿음을 가지고 있다는 것을 알게 되었다. 다른 사람들은 그저 기도를 하러 왔지만, 그 소녀는 하나님의 응답을 보기 위해 왔던 것이었다.

열쇠3: 우리에게는 뛰어난 적응력이 필요하다

여호수아 1장 11절은 다음과 같다. "진중에 두루 다니며 백성에게 명하여 이르기를 양식을 예비하라 삼일 안에 너희가 이 요단을 건너 너희 하나님 여호와께서 너희에게 주사 얻게 하시는 땅을 얻기 위하여 들어갈 것임이니라 하라."

이스라엘 사람들이 하나님의 약속이 이루어지기를 광야에서 40년 동안을 기다려왔으므로, 당신은 하나님께서 그들에게 짐을 싸서 떠날 준비를 할 시간을 3일보다 더 주실 수 있으셨을텐데라고 생각할 것이다. 이사의 경험이 있는 사람이라면 누구나 짐을 꾸리고 떠나기가 얼마나 힘든 일인지 알 것이다. 하지만 하나님께서는 그들에게 3일 후에 강을 건널 것이라고 말씀하셨다.

하나님께서 주도하시는 변화의 시간은 갑자기 찾아올 수 있다. 그 분은 이렇게 하실 이유가 있으시다. 그 분은 가끔 우리에게 생각할 시간을 적게 주신다. 왜냐하면 우리가 그 일을 망칠 수 있기 때문이다. 그 분은 우리가 이것 저것을 분석해보면서 생기게 되는 무기력함 없이 빨리 길을 떠나기를 원하신다.

갑작스런 일들은 융통성을 필요로 한다. 내가 장담하건데 우리의 길에 변화가 생길 때, 특히 카이로스 - 전략적인 기회의 단계 - 를 지날 때 거기에는 갑작스런 도전들과 기회들이 따를 것이다. 하나님께서는 우리가 예견하지 못하는 방법으로 일을 행하실 것이다. 그럴 때 우리는 뛰어난 적응력을 필요로 한다.

나는 한때 하나님께 기도하며 부디 성령의 감화로 우리에게 신앙의 부흥을 달라고 간구했다. 그 때 나는 내 영혼 속에서 솟구치는 질문에 놀랐다. 나는 그것이

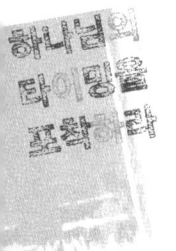

성령의 목소리라는 것을 깨달았다. "내가 당나귀를 타고 오면 어찌하겠는가?" 나는 곧바로 그 말의 의미를 깨달았다. 성령은 주님께서 당나귀를 타고 예루살렘으로 오셨을 때의 일을 말씀하신 것이었다(눅19). 그 분은 그들이 자신들의 왕이 오길 바랐던 방법대로 오지 않으셨다. 그 분은 초라하고 겸손하게 오셨던 것이다. 그들의 기대는 완전히 어긋났다. 슬프게도 그들은 이 예기치 못한 돌발적 상황에서 그 분을 받아들일 만큼 충분한 적응력을 갖추지 못했다. 그들은 주님과 그 분의 영광스러운 방문을 배척하였다(눅19:44 참고).

주님께서 신성한 전환기로 우리를 찾아 오실 때, 자주 우리가 예상하지 못한 방법으로 우리에게 변화와 도약을 요구하신다. 그 분이 만일 당나귀를 타고 오신다면, 우리는 그 분을 따를 만큼의 융통성을 지니고 있는가? 그리스도가 계시던 시대의 아이러니 중 하나는 바로 메시아에 대한 소망을 강하게 품어왔던 신앙단체 - 바리새인들 - 가 그리스도를 박해하는 일에 앞장섰다는 점이다. 왜 그랬을까? 그것은 바로 그 분이 그들이 바라는 방식으로 오셔서 그들이 예상했던 대로 행동하시지 않으셨고, 그들에게는 그것을 받아들일 만큼의 적응력과 융통성이 없었기 때문이다.

이 책의 앞부분에서 새 가죽부대의 필요성에 대해서 말했었다. 새 가죽부대의 특징 중 하나는 바로 적응력이다. 가죽부대들은 발효과정의 압력에 적응하며 견뎌낼 수 있어야 한다. 만일 견디지 못한다면, 부대는 터질 것이고, 망가진 가죽부대와 엎질러진 포도주만 남을 것이다.

하나님이 우리에게 오셔서 부흥의 기회를 주실 때 즉, 그 분이 우리의 삶 속으로 들어오실 때 그 분은 예상치 못한 방법으로 오실 것이다. 그리고 거기에는 팽창과 변화의 압력이 따를 것이다. 성령의 발효된 포도주가 우리를 팽창시킬 것이다. 우리가 거기에 잘 적응하지 못하면, 카이로스 단계에서 열매를 잃게 될 것이다. 뛰어난 적응력을 지녀라.

열쇠 4: 우리는 기본적인 것들을 기억해야 한다

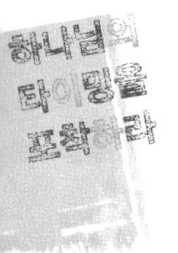

여호수아가 이스라엘 민족을 막 완성의 시기로 이끌려고 할 때, 하나님께서는 다음의 말씀을 크게 강조하셨다.

"오직 너는 마음을 강하게 하고 극히 담대히 하여 나의 종 모세가 네게 명한 율법을 다 지켜 행하고 좌로나 우로나 치우치지 말라 그리하면 어디로 가든지 형통하리니 이 율법책을 네 입에서 떠나지 말게 하며 주야로 그것을 묵상하여 그 가운데 기록한대로 다 지켜 행하라 그리하면 네 길이 평탄하게 될 것이라 네가 형통하리라"(수1:7~8).

하나님께서는 여호수아가 이 말씀을 아주 중요하게 여기도록 강조하셨다. "여호수아여, 내 말을 무시하지 말아라. 이 말이 항상 너와 함께 하도록 해라. 그것을 계속 말해라. 그것을 계속 묵상해라. 그러면 너는 성공할 수 있을 것이다."

우리가 힘든 일들을 겪고 있을 때 – 변화의 시기가 그 중 하나다 – 우리에게 힘을 주는 것은 진리의 엄청나고 심오한 계시들이 아니다. 또한 우리의 종말론도 아니다. 우리가 성경을 주석하는 능력도 아니다. 우리가 변화를 겪는 동안에 우리에게 힘을 주는 것들은 기본적인 것들이다.

말씀에 집중해야 한다는 것을 기억하라. 하나님과 함께 시간을 보내야 하는 것을 기억하라. 다른 교인들과 정규적으로 친교시간을 가져야 한다는 것을 기억하라. 쉬지말고 기도하라. 기본적인 것들을 행하라.

예수님께서는 광야에서 시험받으시는 힘든 때에 성경말씀을 의지하셨다. 비록 단순해 보이긴 하지만, 우리가 고난 중에 있을 때에도 우리를 지탱시켜주고 성공을 보장해주는 것은 이런 기본적인 것들이다. 기본적인 것들을 지켜 행하면, 당신은 번성하고 성공할 것이다.

아폴로 13호의 임무수행 여섯 째 날, 우주비행사들은 궤도를 수정해야 하는 위기의 순간을 맞이했다. 실패할 경우엔 영원히 지구로 돌아가지 못하는 상황이었다. 그들은 에너지를 절약하기 위해서 우주선을 조정하던 컴퓨터를 꺼야만 했다. 게다가 그들은 39초 동안 주 엔진을 태워야 하는 상황에 있었다. 그러면 우주선의 방향조정은 어떻게 해야만 할 것인가?

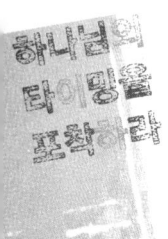

짐 로벨은 그들이 우주선의 작은 창문을 통해서 밖의 고정된 물체에 촛점을 맞추어 나간다면, 수동운전이 가능하다고 판단했다. 그들의 초점의 대상은 바로 목적지인 지구였다.

1995년의 영화 '아폴로 13호'에서 나왔듯이 39초의 악몽 같은 시간 동안 로벨은 계속 지구가 시야 안에 들도록 하기 위해 전력을 기울였다. 그렇게 함으로써 세 비행사는 재앙을 피할 수 있었다.

기본적인 것들이 당신의 초점의 대상들이다. 그것들을 언제나 주목하라.

열쇠 5: 과거의 약속들을 붙들어야 한다

여호수아 1장 6절은 다음과 같다. "마음을 강하게 하라 담대히 하라 너는 이 백성으로 내가 그 조상에게 맹세하여 주리라 한 땅을 얻게 하리라."

하나님께서는 여호수아에게 아브라함을 포함한 그의 조상들에게 하셨던 약속을 기억하게 해주셨던 것이다. 우리가 변화의 시기를 지나는 동안 과거에 하나님께서 우리에게 하셨던 말씀을 기억하는 것이 중요하다. 그것은 우리에게 위로를 주고, 방향을 제시하여 주며, 의지가 된다.

바울은 디모데에게 그에 대해 예언되었던 말씀을 따라 선한 싸움을 싸우라고 하였다(딤전1:18). 다시 말해서 디모데가 어려움을 겪고 있던 시간에 바울은 그에게 잠시 기억을 더듬어 그에 관한 예언들을 기억하고 그 말씀들을 무기로 삼아 선한 싸움을 싸우라고 말했다. 디모데는 과거의 확언들로 믿음을 유지하게 된 것이다.

이것은 또한 여호수아에게 중요한 깨달음을 얻게 해 주었다. 곧 일어날 일들은 그 당시 사람들에게 뿐만 아니라 아브라함을 비롯한 조상들과도 관련된 일이었다. 그리고 앞으로 오는 세대에게도 관련되어 있다.

하나님께서 우리를 새로운 단계로 인도하시거나 성공의 단계로 우리를 옮기기 시작하실 때, 우리는 그 상황을 너무 근시안적으로 바라보는 경향이 있다. 사실은 다른 이들을 축복하기 위한 목적이 있는지 모르는 채,

그저 단순히 그것이 우리에게 내려진 축복이거나 우리의 믿음에 대한 상일 것이라고 생각한다. 여호수아 시대에 하나님께서는 단지 당대의 이스라엘 민족만 축복하신 것이 아니라, 더 나아가 전체 역사 속에서 구속의 목적을 부분적으로 이루신 것이다.

당신의 성공적인 변화가 다른 사람들에게 영향을 미치게 되리라는 것을 기억하라.

열쇠 6: 완전히 순종해야 한다

이 말은 너무나 당연하기 때문에 굳이 말하지 않아도 될 것이다. 아무튼 우리는 언제나 그분께 순종해야 하지 않는가? 그렇다. 하나님께서는 이 변화의 장에서 순종을 크게 강조하신다. '명령'이라는 단어는 여호수아 1장에서 8번 쓰인다. 하나님께서는 여호수아에게 명령을 내리신다. 여호수아는 지도자들에게 명령을 내린다. 지도자들은 사람들에게 명령을 내리고, 하나님께서는 방금 명령하셨던 일에 대해 부연하여 설명하셨다.

'주의하여'는 '순종'과 더불어 두 번 쓰였다. 그래서 순종에 관련된 말들은 모두 12번 쓰였다.

변화의 시간들 동안 우리가 주님께 순종하여 그 분의 뜻을 신속히 행하는 것이 절대적으로 중요하다. 그 분은 일이 어떻게 이루어져야 하는지를 아신다. 우리는 일을 그 분의 방법대로 하는 것의 중요성을 잘 모르지만 그 분은 아시기에, 우리는 반드시 그 분의 방법대로 행해야한다.

몇 년 전에, 나는 나의 딸들을 위해 그네를 조립해주었다. 나는 많은 조각들을 이어 붙이는 과정에서 설명서가 제시하는 조립단계 하나를 건너 뛰었다. 조립 시작 후 2주쯤 됐을 때, 나는 중요한 사실을 깨닫게 되었다. 한 단계를 빼먹은 상태에서 계속 조립을 해나가기란 전적으로 불가능한 일이었다. 단계 30을 생략하는 바람에 단계 50을 할 수가 없었다. 그래서 나는 다시 분해한 후에 재조립을 시도했다. 내가 이 상황에서 무엇을 했는지 아는가? 나는 하나님께 이런 즐거운 시련을 주신 것에 대해 감사드리고, 이 설명서를 쓴 사람을 축복했다.

이스라엘 사람들은 그들 앞에 놓인 길이 낯선 길이었기 때문에 언약궤를 따라가도록 명령받았다(수3:4). 우리 또한 완전히 새로운 길을 걷고 있다. 비록 쉬워보이거나 신나보이지 않더라도, 우리는 주님을 조심스럽게 따라가며 방향을 지시받기 위해 기다리고, 그분에게 순종해야 한다.

하나님께서 그분의 방법대로 일을 하시는 데에는 다 이유가 있다.

열쇠7: 우리가 싸워야 할 전쟁이 있다는 것을 알아야 한다

우리가 크로노스에서 벗어나 카이로스로 접어들었다는 것, 완성에 더 가까이 왔다는 것 – 마치 해산을 하는 어머니같이 – 은 그 싸움이 끝났음을 의미하지 않는다. 전쟁이 가장 격렬할 때에 승리가 눈 앞에 있기 마련이다.

하나님께서 여호수아에게 말씀하셨다. "내가 모세

에게 말한 바와 같이 무릇 너희 발바닥으로 밟는 곳을 내가 다 너희에게 주었노니"(수1:3). '밟는' 이란 단어는 히브리 단어 '다락' (darak)에서 유래되었다. 이 단어는 걷는다는 의미도 있지만 그것보다 좀 더 의미가 강한 전사의 걸음이나 행진을 주로 뜻한다. 이것은 전쟁용어이고, 활쏘기 직전에 활을 당기는 것을 뜻하는 단어이기도 하다. 이 히브리 단어는 현재까지도 이스라엘에서 '장전하라' 는 뜻으로 쓰인다.

하나님께서는 단순히 그들이 발을 딛는 모든 곳이 그들의 것이라는 말씀을 하시지 않았다. 그분은 이미 그들이 물려받을 땅의 경계를 다 정해 놓으셨다. 그분은 상징적으로 말씀하셨다. "너희가 무기를 들고 싸워 나갈 곳들을 전부 너희에게 줄 것이다." 하나님께서는 여호수아에게 전쟁이 있을 것임을 말씀해주신 것이다.

우리는 사탄이 우리가 목적지에 도착하지 못하도록 온갖 술수를 부린다는 것을 명심해야 한다. 사탄은 교회로부터 하나님께서 주시기 원하시는 결실들을 빼앗으려 한다. 하나님께서 우리에게 주신 가족관계, 건강, 그리고 교회에서 우리가 믿음으로 바라는 것들과 하나

님께서 우리에게 주신 해결책들을 빼앗으려 한다. 원수는 결코 쉽게 포기하지 않을 것이다. 그러나 우리가 믿음으로 선하게 싸운다면 승리를 보장받을 수 있다. 우리는 싸워야 한다.

열쇠8: 우리는 자신이 도움을 필요로 한다는 것을 알아야 한다

여호수아 1장 12~18절을 보면, 하나님께서는 르우벤, 갓, 므낫세 지파에게 요르단 동쪽의 땅을 주신 것을 말씀하신다. 그들에게 이 기업이 이미 주어졌지만, 모세는 그들에게 다른 지파들이 땅을 얻는 것을 도와주라고 했었다. 여호수아는 그들에게 이 점을 상기시킨다.

이 예를 통하여 우리는 함께 싸워나가야 하며, 협력해야 한다는 점을 배운다. 어려운 일들과 변화들을 겪을 때, 우리는 우리가 도움을 필요로 하는 존재임을 깨닫는 것이 중요하다. 우리는 자신을 낮추고 기도를 하며, 상담과 격려를 구해야 한다. 도움을 청하는 것에 대해 망설이지 말라. 도움을 청하는 것이 옳다.

윌리엄 윌버포스는 수년 동안 영국 의회에 노예제도 폐지를 건의했다. 아무런 성과도 보이지 않아 낙심하여서 그는 막 그 일을 그만두려 하고 있었다. 그의 나이든 친구 존 웨슬리는 이 소식을 전해 듣고 임종의 침대에 누워서 떨리는 손으로 그에게 편지를 썼다.

"하나님께서 너를 이 일에 사용하려고 하신 것이 아니었다면 너는 벌써 사람들과 악마들에 의해 지쳤을 것이다. 하지만 하나님께서 너와 함께 계시므로 누가 너를 해칠 수 있겠는가? 그 중 하나님보다 센 자가 누가 있는가? 오, 선한 일을 하면서 낙심하지 말라! 하나님의 이름으로 나아가서 그 분의 힘의 능력으로 계속 싸워라. 미국의 노예제도조차 없어질 때까지."

그로부터 6일 후에 웨슬리는 세상을 떠났다. 하지만 윌버포스는 45년 동안 더 싸운 후에 1833년, 죽기 3일 전에 영국에서 노예제도가 폐지된 것을 보았다.

가장 위대한 자들에게도 격려가 필요하다.

윌버포스는 힘든 시기에 격려가 필요했다. 노예폐지가 실행되는 데는 이후로 오랜 시간이 걸리긴 했지

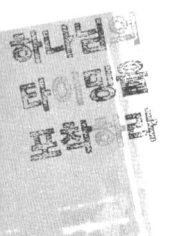

만, 이 역사상 위대한 이정표가 되는 사건은 그의 친구인 웨슬리의 격려가 없었다면 결코 일어날 수 없었을 것이다.

열쇠9: 그분의 평화가 우리를 다스리게 해야 한다

여호수아 1장 9절에 보면, "내가 네게 명한 것이 아니냐 마음을 강하게 하고 담대히 하라 두려워 말며 놀라지 말라 네가 어디로 가든지 네 하나님 여호와가 너와 함께 하느니라"라고 되어 있다. '놀라다'라는 단어는 히브리 단어 '차타스'(chathath)에서 유래되었는데, '금이 가거나 깨지는 것'을 의미한다. 또한 언어학자 조디 에이츠는 '스트레스를 받아서 금이가다'라는 뜻이라고 한다. 하나님께서 여호수아에게 말씀하시고 계셨다. "카이로스 시기와 완성으로 향하는 이 과도기는 힘들 것이다. 거기에는 예상치 못한 도전과 어려움, 전쟁이 있을 것이다. 지도자라는 부담 속에서도 너 여호수아는 항상 마음 속에 평화를 유지하여야 한다. 스트레스로 인해 평화가 깨어지면 안된다."

골로새서 3장 15절에 있는 단어 "하게 하라"에 주목하라. "그리스도의 평강이 너희 마음을 주장하게 하라 평강을 위하여 너희가 한 몸으로 부르심을 받았나니 또한 너희는 감사하는 자가 되라." 우리는 하나님의 평화가 거하도록 '허용'을 해야 한다. 우리에겐 선택의 권한이 있다. 여러가지 문제점들에 정신을 쏟으며 기본적인 것들을 무시하는 방법을 택하거나, 아니면 주님 앞에서 침묵하며 우리의 믿음을 굳세게 키워나가는 방법을 택할 수 있다. 다음과 같은 이야기가 있다.

뉴욕 퀸스의 한 고층 아파트 18층에서 어떤 부인이 작은 창문 밖으로 얼굴을 내밀고 도움을 청하는 비명을 지르고 있었다. 그녀는 자신의 아파트 화장실에 갇혀 있었다. 그녀의 가장 어린 아이가 바깥쪽에서 화장실 문을 닫자 안쪽 문고리가 떨어져 버렸고, 그것이 문의 고장을 일으켰다. 그 때 각각 4살, 5살인 나머지 두 아이들은 부엌에 있었고, 렌지 위에는 냄비가 끓고 있었다. 그녀는 문을 부수려고 노력해보고 계속 소리질러서 도움을 청했으나, 결국

은 아무런 소용이 없자 희망을 포기하려던 참이었다.

한편, 20마일쯤 떨어진 곳에 사는 한 젊은이가 그 날 그 근처에서 일을 마치고 아파트 아래를 지나가다가 그 부인의 외침을 들었다. 그는 손을 흔들어 그녀의 관심을 끈 뒤 소리쳤다. "올라가서 구할게요!" 잠시 후, 그녀는 그 목소리를 화장실 바깥쪽에서 들을 수 있었다. 그 남자가 말했다. "잘 들으세요. 문고리가 있던 자리에 손을 넣고 위로 끌어올린 후 문을 약간 들고 재빨리 당겨보세요." 그녀는 그가 시키는 대로 하였고 문은 곧 열렸다.

그녀는 화장실에서 나오자마자 아이들을 보러 뛰어갔다. 엄마의 비명소리에 크게 놀라서 울고 있는 아이들을 진정시켜야 했다. 세 아이가 모두 안정을 찾게 되자, 그녀는 젊은이에게 말을 건넸다. "당신은 어떻게 우리 아파트에 들어오는 방법을 알았고, 어떻게 문이 열리는 방법을 알았죠?"

"전 아주 잘 안답니다." 그는 가볍게 미소를 지었다. "난 여기서 태어났고, 이 아파트에서 15년을 살았답니다. 열쇠 없이 현관문으로 들어오는 방법을 알지요. 화장실 문고리요? 그건 언제나 떨어지곤 해서 아까 방법대로 열곤

했습니다."

우리가 하나님께서 주신 목적지를 향하여 앞으로 나아갈 때, 하나님께서 그곳에 이미 가 계신다는 점을 확실히 깨달아야 한다. 모든 크로노스, 카이로스, 그리고 완성의 때를 그 분은 미리 보신다. 변화들 - '새롭고', '숨겨진' 장소들 - 은 단지 우리에게만 새롭고 감춰져있는 것이다.

하나님께서는 도전, 승리, 완성의 문을 어떻게 열어야 하는지 완벽하게 알고 계신다. 왜냐하면 하나님께서는 인간의 몸을 입고 이전에 이곳에 와 계셨기 때문이다.

"볼찌어다 내가 네 앞에 열린 문을 두었으되 능히 닫을 사람이 없으리라 내가 네 행위를 아노니 네가 적은 능력을 가지고도 내 말을 지키며 내 이름을 배반치 아니하였도다"(계3:8).

1. 하나님 앞에서 가족, 친구들, 동료들, 그리고 나라에 대한 당신의 의무는 무엇인가? 하나님의 응답을 오랜 기간 동안 기다려온 이들에게 어떤 격려를 해줄 수 있을까?

2. 어떤 사람들, 장소들, 그리고 사건들이 당신의 신앙에 위안과 힘을 주며, 믿음생활을 지속하도록 해주는가? 삶의 여러 시기를 지나는 동안 그런 것들이 왜 중요한가?

3. 하나님을 좇으며 그 분의 완성의 때를 추구하기 위해서 지금 당장 당신이 시작할 수 있는 특정한 단계들은 무엇인가?

4. 당신의 삶 가운데 하나님의 평화가 깃들고 있는가? 생활 속에서 여러 다른 시기로의 전환을 경험할 때 이런 평화를 누리는 것이 왜 중요한가?

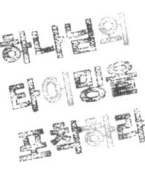

5. 당신은 하나님의 때에 반응할 준비가 되어 있는가?

하나님의 타이밍을 포착하라

초판발행 • 2002년 4월 15일
2판 8쇄 • 2015년 11월 25일

지은이 • 더치 쉬츠
옮긴이 • 이승희
발행인 • 임용수
대표 • 조애신
책임편집 • 설지원
편집 • 이소정
디자인 • 지은주, 임은미
마케팅 • 전필영
온라인마케팅 • 고태석
경영지원 • 김정희, 조창성

발행처 • 도서출판 토기장이
주소 • 서울시 마포구 망원로 26 토기장이 B/D 3F
출판등록 • 1990년 10월 11일 제2-18호
대표전화 • (02) 3143-0400
팩스 • (02) 3143-0646
E-mail • tletter@hanmail.net
www.t-media.co.kr
www.facebook.com/togijangibooks

ISBN 978-89-7782-104-0

값 **7,000원**

"우리는 진흙이요 주는 토기장이시니
 우리는 다 주의 손으로 지으신 것이라"
                              (이사야 64:8)